Obst & Gemüse einkaufen

Produktions-
formen,
Herkunft,
Kennzeichnung

Qualität und
Frische selbst
erkennen

Lagerung,
Haltbarkeit,
Zubereitung

Verein für Konsumenteninformation (Hrsg.)

Obst & Gemüse einkaufen

Impressum

Herausgeber
Verein für Konsumenteninformation (VKI)
Mariahilfer Straße 81, A-1060 Wien
ZVR-Zahl 389759993
Tel. 01 588 77-0, Fax 01 588 77-73, E-Mail: konsument@vki.at
www.konsument.at

Geschäftsführer
Ing. Franz Floss
Dr. Josef Kubitschek

Autorin
Mag. Edith Geyer

Fachliche Beratung
Mag. Birgit Beck

Lektorat
Edwin Würth

Produktion
Günter Hoy

Foto Umschlag
shutterstock

Fotos Textteil
shutterstock
(wenn nicht anders angegeben)

Druck
Holzhausen Druck GmbH
1140 Wien

Stand
Juli 2010

Einzelbestellung VKI
Konsument, Kundenservice
Mariahilfer Straße 81
A-1060 Wien
Tel. 01 588 774
Fax 01 588 77-72
E-Mail: kundenservice@konsument.at

Wir sind bemüht, so weit wie möglich geschlechtsneutrale Formulierungen zu verwenden. Wo uns dies nicht gelingt, gelten die entsprechenden Begriffe im Sinne der Gleichbehandlung grundsätzlich für beide Geschlechter.

Bibliografische Information der Deutschen Nationalbibliothek
Die Deutsche Nationalbibliothek verzeichnet diese Publikation in der Deutschen Nationalbibliografie; detaillierte bibliografische Daten sind im Internet über http://dnb.d-nb.de abrufbar.

Verein für
Konsumenteninformation
ISBN 978-3-902273-93-2

€ 14,90

Liebe Leser!

Sie stehen vor wohlgefüllten Regalen und überlegen: Sollen die Paradeiser im Einkaufswagen landen oder die Gurken? Wird der Nachwuchs Zwetschken eher essen als Äpfel? Ist die Petersilie frisch? Sie kaufen Paradeiser, Petersilie und Zwetschken.

Mit den Paradeisern und der Petersilie haben Sie einen guten Griff gemacht. Beides schmeckt, und Sie sind damit zufrieden. Die für die Schuljause gedachten Zwetschken hat Ihr Sprössling wieder zurück nach Hause gebracht. Zu sauer! Zu hart! Das Falsche gekauft.

Das Angebot von Obst und Gemüse ist riesig. Neben heimischen Produkten findet sich in den Regalen Importware, neben Saisonware Exotisches, und hin und wieder wird auch die eine oder andere Obst- oder Gemüserarität angeboten. Doch woran ist Qualität zu erkennen? Wie kauft man am besten gezielt ein?

Dieses Buch hilft Ihnen, aus diesem riesigen Angebot die richtige Wahl zu treffen. Lesen Sie nach, wie Obst und Gemüse gekennzeichnet, welche Angaben Pflicht sind und woran Sie Ware aus biologischer Produktion erkennen.

Obst und Gemüse liefern reichlich Nährstoffe, sind aber gleichzeitig kalorienarm. Experten empfehlen daher, hier ausgiebig zuzulangen. Damit empfindliche Nährstoffe erhalten bleiben und das mühsam nach Hause geschleppte Obst und Gemüse noch eine Weile appetitlich bleibt, muss es sorgsam behandelt werden. Was falsch oder zu lange gelagert wird, wird ungenießbar.

In Warenkunden von A (wie Ananas, Äpfel oder Artischocken) bis Z (wie Zwetschken, Zucchini oder Zwiebeln) erhalten Sie Tipps, wie Sie beim Einkauf Frische und Qualität erkennen, worauf Sie beim Aufbewahren achten sollten, wie lange Obst und Gemüse bei richtiger Lagerung hält und welche Zubereitungsmöglichkeiten es gibt. Sie erfahren Näheres über den Nährwert und werden zudem über die Saisonzeiten und Herkunft von Obst und Gemüse informiert.

Kräuter sorgen für Würze und Abwechslung am Teller. Lesen Sie, worauf es hier beim Einkauf ankommt. Das Buch informiert zudem über die gängigsten Kräuter und darüber, welches Kraut mit welchen Gerichten harmoniert. Und – nicht zuletzt – wie Kräuter in der Küche einzusetzen sind, damit sie ihr volles Aroma entfalten.

Foto: Wodicka

Das Angebot

Obst und Gemüse ist bei uns das ganze Jahr über in enormer Vielfalt erhältlich. Saisonzeiten scheinen außer Kraft gesetzt, exotische Früchte und Gemüse sind Teil der Standardsortiments. Doch auch „Altes" findet sich in letzter Zeit wieder im Regal.

Imposante Vielfalt im Regal

Egal, ob Juni oder Dezember: Das Angebot an frischem Obst und Gemüse in unseren Supermärkten ist breit gefächert. Paradeiser, Paprika, Gurken sind außerhalb ihrer Saisonzeiten ebenso erhältlich wie Erdbeeren, Pfirsiche oder Weintrauben. Dass die Regale darüber hinaus mit exotischem Gemüse und exotischen Früchten gefüllt sind, ist längst schon keine Sensation mehr. Zwischendurch präsentiert sich auch an sich Altbekanntes in weniger alltäglicher Größe, wie z.B. Karfiol, Romanesco, Gurken oder anderes Gemüse im Miniformat.

Viel von diesem Obst und Gemüse hat bereits lange Wegstrecken hinter sich, bis es bei uns im Handel landet. Klar: Bananen, Zitrusfrüchte oder anderes Obst und Gemüse, das bei uns nicht wächst, muss importiert werden. Das gleiche gilt für Obst und Gemüse, das außerhalb der Saison angeboten wird, und natürlich auch für solches, von dem hierzulande mehr verbraucht als produziert wird. Und letzteres ist eher die Regel als die Ausnahme.

Bedarf an Obst und Gemüse ist über heimische Ware nicht gedeckt

Der von der Statistik Austria erhobene Selbstversorgungsgrad gibt an, in welchem Umfang die Erzeugung der heimischen Landwirtschaft den heimischen Bedarf decken kann beziehungsweise um welchen Prozentsatz die Produktion den inländischen Bedarf übersteigt. Bei Obst lag der Selbstversorgungsgrad zuletzt (Sommer 2008 bis Sommer 2009) insgesamt bei 63 Prozent, bei Gemüse insgesamt bei 60 Prozent. Das heißt, es wird jeweils mehr verbraucht, als produziert.

Mehr produziert als verbraucht wird hierzulande nur von einigen Gemüsearten. Den bei weitem höchsten Selbstversorgungsgrad haben die Statistiker bei Zwiebeln (113 Prozent) festgestellt. Bei Obst übersteigt der Selbstversorgungsgrad in keinem Fall 100 Prozent. Doch bei Äpfeln etwa beträgt er immerhin 93 Prozent.

Vieles ist importiert

Allerdings: Aus anderen Kontinenten (!) importierte Äpfel (oder eben auch Zwiebeln oder anderes Obst und Gemüse) finden sich selbst dann in den

Regalen, wenn sie bei uns oder in unseren Nachbarländern Saison haben. Und das macht nicht unbedingt Sinn: Denn je kürzer die Transportstrecke, desto größer die Chance auf Frische.

Transportstrecken sind oft unnötig lang

Anders herum: Je näher der Produktionsort, desto besser. Denn saisongerecht gekauftes Obst und Gemüse aus der Region kann reif geerntet werden. Darüber hinaus sind kurze Transportstrecken natürlich weniger belastend für Umwelt und Klima als lange.

Von weither importiertes Obst und Gemüse wird oft halbreif gepflückt, damit es den langen Transport übersteht und heil im Geschäft landet. Manches, wie z.B. Pfirsiche oder Paradeiser, reift zwar nach, erreicht aber trotzdem nicht immer das Aroma und den Geschmack reif geernteter Früchte. Auch hinsichtlich Vitamingehalt kann unreif geerntetes Obst und Gemüse nicht mit reifem mithalten.

Stammt die Ware aus dem Glashaus, bekommt sie wiederum weniger Sonne ab als Ware aus dem Freiland. Das bedingt bei etlichen Arten einen höheren Nitratgehalt (► Seite 31, Kapitel „Schadstoffe“).

Spitzbergen: Samenbunker im Eis

Jahr für Jahr gehen zahlreiche Pflanzensorten auf ewig verloren. Schätzungen der FAO (Ernährungs- und Landwirtschaftsorganisation der Vereinten Nationen) zufolge ist in den letzten hundert Jahren die Vielfalt der Kulturpflanzen weltweit um 75 Prozent zurückgegangen.
In Spitzbergen (Norwegen) werden Saatgutproben der weltweit wichtigsten Nutzpflanzen in einem Samenbunker, dessen Eigentümer formell Norwegen ist, für kommende Generationen aufbewahrt. Die Sortenvielfalt von Nutzpflanzen soll auf diese Art geschützt erhalten bleiben. Die 2008 eröffnete unterirdische Anlage befindet sich in einer alten Kohlemine und bietet Millionen Samenproben Platz. Die Lagerhallen sind permanent auf minus 18 Grad gekühlt. Sollten die Kühlanlagen einmal defekt sein, steigt die Temperatur dennoch nicht über Null Grad: Das Sicherheitslager liegt im Permafrostboden. Die Samenbank in Spitzbergen wird von nationalen Samenbanken beschickt. Letztere sind oft nicht ausreichend geschützt. Etliche nationale Saatgutbanken wurden durch Krieg oder Unwetter zerstört.

Foto: Svalbard Global Seed Vault_Mari Tefre

Geringe Sortenvielfalt

Keine Frage: Die Vielfalt, in der Obst und Gemüse tagein, tagaus zum Verkauf bereit gestellt ist, ist enorm. Was aber die Sortenvielfalt von Äpfeln, Paradeisern & Co anbelangt, ist die Ausbeute in den Regalen in der Regel eher mager. Denn „supermarkttauglich" sind in erster Linie solche Sorten, die ertragreich, transport- und lagerfähig sind – und das sind bei weitem nicht alle. Bei uns gibt es heute etwa 300 bis 500 Apfelsorten (vor hundert Jahren waren es übrigens noch einige tausend). Im Supermarkt ums Eck sind vielleicht fünf bis zehn Sorten erhältlich. Bei anderem Obst und bei Gemüse ist das Bild ähnlich.

Etliches „altes" Obst und Gemüse ist überhaupt von Bildfläche und Tellern verschwunden. Sei es, dass es von anderen Nahrungspflanzen verdrängt oder wirtschaftlich ganz einfach zu wenig relevant und daher am Markt nicht prominent angeboten wurde … Vieles geriet in Vergessenheit.

„Altes" neu im Regal

Obst- und Gemüseraritäten sind zunehmend gefragt

Doch in den letzten Jahren ist gerade an Raritäten das Interesse wieder gestiegen. So manches „Alte" wurde wieder entdeckt und hat sich aufs Neue seinen Platz am Markt erobert. Meistens zwar nur als Nischenprodukt, aber immerhin. Pastinaken, um ein Beispiel zu nennen, waren bis weit ins 18. Jahrhundert hinein ein wichtiges Grundnahrungsmittel. Dann wurden sie von Kartoffeln verdrängt und verschwanden für lange Zeit aus Küchen und Kochtöpfen. Jetzt werden Pastinaken wieder öfters auf Märkten, in Fach- und Bio-Geschäften angeboten und werden u.a. auch ganz gerne in der gehobenen Gastronomie verwendet. Obendrein haben sie in kleineren Mengen den Sprung ins Supermarktregal geschafft.

Teilweise werden zudem Sortenraritäten von gängigem Gemüse, wie Paradeisern oder Paprika, in den Geschäften angeboten. Die Produzenten sind häufig Biobauern. Auf Märkten oder in Fachgeschäften ist das Angebot an seltenen Sorten in der Regel reichhaltiger als im Supermarkt. Nicht zu vergessen: Direktvermarkter. Direktvermarkter, die seltene und alte Sorten beziehungsweise auch daraus erzeugte Produkte anbieten, sind beispielsweise unter www.arche-noah.at aufgelistet. Die Arche Noah (Gesellschaft für die Erhaltung der Kulturpflanzenvielfalt & ihre Entwicklung) ist ein privater Verein mit Sitz in Schiltern (Niederösterreich), der unter anderem einen Schaugarten betreibt und ein Saatgut-Archiv mit Tausenden Sorten von seltenem Obst und Gemüse, Getreide und Kräutern führt. Arche Noah kooperiert u.a. mit Bio Austria (Organisation der österreichischen Biobauern) und Slow food, einem Verein, der sich neben etlichem anderen ebenfalls um die Erhaltung der biologischen Vielfalt von Lebensmitteln bemüht und regionale, vom Aussterben bedrohte Produkte (z.B. Wachauer Safran) fördert.

Die Kennzeichnung

Offen angebotenes Obst und Gemüse braucht nicht so genau gekennzeichnet zu sein wie verpacktes. Doch Bezeichnung, Preis und Herkunft müssen auf jeden Fall angeführt sein. Für Bio-Obst und -Gemüse gelten eigene Vorschriften.

Pflichtangaben

Wer wissen will, wo die knackigen Paprika oder Äpfel geerntet wurden, braucht lediglich einen Blick auf die Kennzeichnung zu werfen. Denn zum Unterschied von etlichen anderen Nahrungsmitteln muss bei Obst und Gemüse das Herkunftsland angegeben sein. Ob die Ware heimischen Ursprungs ist beziehungsweise aus welchem Land sie importiert wurde, kann also genauso nachgelesen werden wie der Preis pro Kilo beziehungsweise pro Stück. Und natürlich muss auch die Bezeichnung (z.B. Karfiol oder Erdbeeren) angeführt sein. Wurde die Ware behandelt (z.B. die Schale von Zitrusfrüchten), hat das ebenfalls deklariert zu sein. Bei gängigem Obst und Gemüse ist zudem die Güteklasse angegeben.

In der EU gelten Vermarktungsnormen, in denen u.a. Größe und Form von Obst und Gemüse festgelegt sind, das in der EU verkauft werden darf. Die Einteilung der Produkte in Güteklassen ist Teil dieser Norm. Vor etlichen Jahren waren diese Regelungen Anlass für heftige Diskussionen. Nach den damals gültigen Bestimmungen durften beispielsweise Gurken, deren Krümmungsgrad nicht normgerecht war, in der EU nicht verkauft werden.

Güteklasse: Vorgaben gelockert

Die Güteklasse bezieht sich auf äußere Merkmale

Mittlerweile sind die Vermarktungsrichtlinien für Obst und Gemüse gelockert. Die Angabe der Güteklasse (Extra, I, II) ist nur mehr bei Äpfeln, Zitrusfrüchten, Kiwis, Salaten, Pfirsichen und Nektarinen, Birnen, Erdbeeren, Gemüsepaprika, Tafeltrauben und Paradeisern Pflicht. Es steht den Mitgliedstaaten aber auch offen, Obst und Gemüse, das nicht den strengen Anforderungen hinsichtlich Größe und Form entspricht, mit entsprechender Kennzeichnung zum Verkauf zuzulassen. Demnach kann z.B. ein nicht „normgerechter" Apfel im Einzelhandel verkauft werden, wenn er etwa als „zur Verarbeitung bestimmtes Erzeugnis" deklariert ist. Für insgesamt 26 Obst- und Gemüsearten wurden die strengen EU-Vermarktungsnormen 2009 überhaupt aufgehoben. Bahn frei also auch für nicht so ebenmäßig gewachsenes Gemüse und kleinere Früchte! Sie können in Geschmack und Aroma große und normgerecht geformte Produkte durchaus übertrumpfen. Ganz, rein und frei von Schädlingen muss Obst und Gemüse, das zum Verkauf bestimmt ist, auf jeden Fall sein.

Und natürlich dürfen auch gesetzlich festgelegte Höchstwerte für Rückstände von Pflanzenschutzmitteln oder für etwaige Schadstoffe nicht überschritten werden. Soweit die rechtlichen Vorgaben.

Zum Verkauf bestimmte Ware muss den rechtlichen Vorgaben entsprechen

Egal, ob mit oder ohne Angabe der Güteklasse angeboten: Was die Unversehrtheit und Frische von Obst und Gemüse anbelangt, sind Konsumenten in jedem Fall gut beraten, Stück für Stück beim Kauf genau zu prüfen. In Tests zeigt sich immer wieder, dass Obst- und Gemüseabteilungen oft unzureichend auf angeschimmelte oder faulige Ware kontrolliert sind.

Regionale Herkunft

War noch bis vor einigen Jahren der Preis das wichtigste Entscheidungskriterium beim Lebensmittelkauf, wird jetzt zunehmend Wert auf die Herkunft gelegt. Regionale Produkte sind begehrt. Denn unter langen Transportwegen leidet nicht nur die Qualität empfindlicher Ware. Umwelt und Klima werden obendrein durch einen hohen Ausstoß von Treibhausgasen belastet.

Es sprechen also triftige Gründe dafür, Obst und Gemüse saisongerecht aus der Region zu kaufen. Mittlerweile haben sich eine Reihe von Erzeugern auf die Produktion und Vermarktung regionaltypischer Produkte spezialisiert. Und auch der Handel vermarktet zunehmend regionale Lebensmittel.

Seitens der EU gibt es ebenfalls spezielle Regelungen zum Schutz und zur Aufwertung von besonderen Agrarerzeugnissen und Lebensmitteln mit Herkunftsbezeichnung. Demnach sind bestimmte geografische Namen bestimmten Produkten vorbehalten. Nur diese dürfen dementsprechend vermarktet werden.

Die Kennzeichnung eines Produkts mit „g.U." (geschützte Ursprungsbezeichnung) bedeutet, dass alle Erzeugungsschritte in einem bestimmten geografischen Gebiet nach einem anerkannten und festgelegten Verfahren erfolgt sind.

Bei mit „g.g.A." (geschützte geografische Angabe) gekennzeichneten Produkten muss mindestens eine Phase des Produktionsprozesses (Erzeugung bzw. Verarbeitung bzw. Herstellung) in dem bestimmten Herkunftsgebiet erfolgen. Das für die Herstellung verwendete Rohmaterial kann auch aus einer anderen Region stammen.

Produkte aus biologischer Landwirtschaft

Obst und Gemüse wird bei uns großteils in konventioneller Landwirtschaft produziert. Was aber den Anteil von biologisch bewirtschafteter Fläche an der gesamten landwirtschaftlichen Nutzfläche anbelangt, hat Österreich international eine Spitzenposition.

Für die Erzeugung biologischer Produkte gelten per Verordnung EU-weit einheitlich festgelegte (Mindest-)Vorgaben. Darüber hinaus gelten bei uns die Richtlinien des österreichischen Lebensmittel-Codex. Die Richtlinien von Bio-Verbänden gehen meistens noch über diese Anforderungen hinaus. Betriebe, die einem Bio-Verband angehören, haben auch dessen Anforderungen zu erfüllen.

Zentrale Kriterien der EU-Bio-Verordnung sind u.a. der ökologisch verträgliche Anbau mit Verzicht auf chemisch-synthetische Dünge- und Pflanzenschutzmittel und der Verzicht auf Gentechnik. Dennoch sind auch Bio-Lebensmittel nicht völlig rückstandsfrei: Umweltschadstoffe oder durch den Wind von konventionell bewirtschafteten landwirtschaftlichen Flächen eingetragene chemisch-synthetische Pflanzenschutzmittel hinterlassen in beziehungsweise auf den Produkten ihre Spuren. Und nicht zuletzt werden auch im Bio-Landbau bestimmte Pflanzenschutz- und Schädlingsbekämpfungsmittel verwendet, für die wiederum eigene Bestimmungen gelten.

Die großen Handelsketten haben ihre eigenen Bio-Siegel: „Echt B!O" ist jenes vom Penny-Markt, „BioBio" von Zielpunkt, „Ja! Natürlich" von Billa und Merkur, „BIOTREND" von Lidl, „Natur pur" von Spar, „NATUR aktiv" und „Zurück zum Ursprung" beide von Hofer.

Das „Bio AUSTRIA"-Logo ist das Verbandszeichen der Organisation der österreichischen Biobauern.

Kennzeichnung

Verpackte Bio-Produkte tragen in Österreich die Kennzeichnung „aus (kontrolliert) biologischer Landwirtschaft". Statt „biologisch" kann auch „ökologisch" verwendet werden, statt „Landwirtschaft" auch „Anbau" oder „Landbau". Bio-Produkte werden von autorisierten Kontrollstellen geprüft. Die Nummer der jeweiligen Kontrollstelle muss auf der Packung von Bio-Produkten angegeben sein. AT-Bio-301 bedeutet z.B., dass die Kontrollstelle ihren Sitz in Österreich hat, 301 ist die Nummer der Kontrollstelle selbst, und Bio gibt an, dass es sich um ein Lebensmittel aus kontrolliert biologischem Landbau handelt.

Bio-Produkte werden von autorisierten Kontrollstellen geprüft

Früher (vor Juli 2010) wurde in der Kontrollnummer obendrein das Bundesland der Kontrollstelle angegeben. So zeigte etwa AT-W-01-Bio an, dass die Kontrollstelle in Österreich, Bundesland Wien ansässig war, 01 war die Nummer der Kontrollstelle.

Bio-Produkte, die in der EU produziert oder verkauft werden, haben zudem seit Juli 2010 ein neues EU-Bio-Logo zu tragen. Nationale Bio-Siegel sind zusätzlich weiterhin erlaubt.

Verpackungsmaterial, auf dem die Kontrollstelle noch entsprechend der „alten" Regelung angeführt ist beziehungsweise ohne aktuelles EU-Bio-Logo, darf noch bis Juli 2012 verwendet werden.

EU-Bio-Siegel

Biosiegel

Die bedeutendsten Bio-Siegel hierzulande sind das rote und das schwarze Bio-Kontrollzeichen der Agrarmarkt Austria. Obst und Gemüse mit rotem Zeichen und der Ursprungsangabe „Austria" stammt aus Österreich.

Mit dem schwarzen Bio-Zeichen ohne Ursprungsangabe werden importierte Bio-Produkte gekennzeichnet. Darüber hinaus gibt es noch die Bio-(Marken)Zeichen der großen Handelsketten sowie Verbandszeichen (z.B. Bio Austria oder Demeter).

Wie gesagt: Unverpacktes Obst und Gemüse braucht nicht so genau gekennzeichnet zu sein wie verpacktes. Das gilt auch für offene Bio-Ware auf Märkten. Wenn Sie auf Nummer sicher gehen wollen, dass tatsächlich Bio-Produkte in Ihrem Einkaufskorb landen, fragen Sie nach der Kontroll-Nummer oder lassen Sie sich das Zertifikat der Kontrollstelle zeigen.

Gütesiegel

AMA-Gütesiegel

Ebenfalls von der Agrarmarkt Austria, aber kein Bio-Zeichen, ist das AMA-Gütezeichen. Das AMA-Gütezeichen gibt die Herkunft von Lebensmitteln an und steht darüber hinaus für gehobene Qualität. Für den Pflanzenanbau gelten eigene Richtlinien, die u.a. den Einsatz von Kunstdünger und Pflanzenschutzmitteln einschränken (integrierter Anbau), und es gibt auch mehr Kontrollen.

„Gentechnikfrei erzeugt"

Gentechnisch veränderte Lebensmittel müssen in der EU mit „Dieses Produkt enthält genetisch veränderte Organismen" oder „Dieses Produkt enthält (Name des Organismus, z.B. Soja, genetisch verändert)" gekennzeichnet sein.

In Österreich dürfen bislang gentechnisch veränderte Pflanzen nicht angebaut werden. Doch bestimmte Produkte (z.B. gentechnisch verändertes Soja) dürfen als Lebens- und Futtermittel importiert werden. Weil die Österreicher Gentechnik in Lebensmitteln mehrheitlich ablehnen,

Stichwort CO_2-Belastung: Umweltbewusst einkaufen (und konsumieren)

Wer Obst und Gemüse aus biologischer Landwirtschaft, saisongerecht aus der Region kauft und selten bei Fleisch zulangt, trägt mit der Wahl der Lebensmittel dazu bei, die CO_2-Belastung gering zu halten: Die langen Wegstrecken, über die Importware oft transportiert wird, belasten Umwelt und Klima durch hohen Ausstoß von Treibhausgasen. Darüber hinaus hat auch die Art des Transportmittels wesentlichen Einfluss auf die Belastung. LKWs z.B. stoßen weitaus mehr Treibhausgase aus als die Bahn, Flugzeuge bei weitem mehr als Hochseeschiffe. Die Produktionsweise von Obst und Gemüse hat ebenfalls Auswirkungen auf die CO_2-Belastung. Dass der Anbau von Obst und Gemüse im Freiland bei weitem weniger energieaufwendig und daher klimabelastend ist als der Anbau im geheizten Treibhaus, liegt auf der Hand. Zudem geht der Vergleich zwischen konventioneller und biologischer Landwirtschaft zugunsten der biologischen Landwirtschaft aus: Mineralische Stickstoffdünger, die in der konventionellen Landwirtschaft verwendet werden, sind in ihrer Erzeugung sehr energieaufwendig. Im Bio-Landbau sind sie verboten. Energieverbrauch und dadurch bedingter Ausstoß an Treibhausgasen sind daher bei der Bewirtschaftung eines Feldes im Bio-Landbau wesentlich geringer als im konventionellen Landbau.

werden als Gen-Food zu deklarierende Lebensmittel in den Supermärkten aber nicht angeboten.

Gentechnisch verändertes Soja (oder andere Pflanzen), das in Futtermitteln gelandet ist, kommt freilich auf Umwegen auf unsere Teller. Und hier gibt es eine Kennzeichnungslücke. Denn Fleisch, Milch oder Eier von Tieren, die gentechnisch veränderte Futtermittel erhalten haben, müssen nicht als Gen-Food gekennzeichnet sein.

Auf den Packungen von Obst und Gemüse, oft auch von Bio-Produkten, findet sich mitunter das Siegel „gentechnikfrei erzeugt". Bio-Produkte, die zusätzlich das „gentechnikfrei erzeugt"-Siegel tragen, sind in dieser Hinsicht doppelt gekennzeichnet. Denn bei der Erzeugung von Bio-Produkten ist der Einsatz von Gentechnik über die gesamte Produktionskette verboten. (Der Höchstwert für technisch nicht vermeidbare Verunreinigungen durch gentechnisch veränderte Organismen ist mit 0,9 Prozent festgesetzt.) Für mit „gentechnikfrei erzeugt" gekennzeichnete Produkte aus konventioneller Landwirtschaft gelten – was den Einsatz von Gentechnik anbelangt – dieselben Anforderungen wie für Bio-Produkte.

Fairtrade

Fair gehandelte Lebensmittel können sowohl aus konventioneller als auch aus biologischer Landwirtschaft stammen. Das Fairtrade-Siegel auf Produkten zeigt an, dass sie unter fairen Arbeitsbedingungen erzeugt wurden und die Bauern und Produzenten aus Ländern der sogenannten Dritten Welt für ihre Arbeit fair bezahlt werden. Das Siegel erhalten nur solche Produkte, die international gültigen Standards entsprechen. Wurden sie zusätzlich in biologischer Landwirtschaft produziert, sind sie entsprechend gekennzeichnet.

Die Nährstoffe

Obwohl wir es mittlerweile theoretisch besser wissen, greifen wir in der Praxis nach wie vor viel zu selten bei Gemüse und Obst zu. Zu viel vom „Falschen" auf dem Teller hat wohlbekannte Konsequenzen.

Zu dick!

Man sieht es auf der Straße, im Restaurant, in den Schwimmbädern oder auch beim Blick in den Spiegel. Und der Österreichische Ernährungsbericht 2008 des Instituts für Ernährungswissenschaften/Wien attestiert es uns einmal mehr und hochoffiziell: Viele von uns sind zu dick. Jeder fünfte Schüler zwischen 6 und 15 Jahren und fast jeder zweite Erwachsene im Alter von 18 bis 65 Jahren bringt demnach zu viele Kilos auf die Waage.

Obst bzw. Gemüse sollte Teil jeder Hauptmahlzeit sein und schmeckt auch zwischendurch

Die Ernährungsfehler sind bekannt: Die meisten von uns essen zu viel Fett, Salz und Zucker und nehmen zu wenige Ballaststoffe auf. Der Konsum von Fleisch und Fleischprodukten ist zu hoch, der Konsum von Getreide, Hülsenfrüchten, Obst und Gemüse zu gering. Von den Nährstoffen Folsäure, Vitamin D und Kalzium nehmen alle Altersgruppen zu wenig auf, Schulkinder obendrein auch von Jod und Eisen.

Auf die von der Weltgesundheitsorganisation empfohlenen mindestens 400 Gramm Obst und Gemüse pro Tag kommen lediglich Frauen in der Altersklasse von 18 bis 65 Jahren. Besonders Kinder greifen bei Obst und vor allem bei Gemüse viel zu selten zu. Und wenn Obst, dann werden in erster Linie Äpfel gegessen.

Obst und Gemüse sind energiearm. Gleichzeitig liefern sie reichlich Vitamine, Mineral-, Ballast- und sekundäre Pflanzenstoffe und haben einen gesundheitsfördernden Effekt. Je vielfältiger die Auswahl in der Obstschüssel und im Gemüsefach, desto besser ist es. Jede Art hat ihre Vorteile und punktet mit den ihr eigenen Inhaltsstoffen.

5 am Tag

Geht es nach Ernährungsexperten, sollten täglich zwei Portionen Obst und drei Portionen Gemüse (bzw. Hülsenfrüchte) gegessen werden. Gemüse sollte nicht nur gegart, sondern auch als Rohkost verspeist werden. Eine Portion entspricht einer Handvoll. Eine Kinderportion entspricht daher einer Kinderhand, eine Erwachsenenportion der Hand des Erwachsenen.

Fünf Portionen pro Tag. Das hört sich vielleicht viel an, ist aber leicht zu schaffen: In der Früh ein Apfel ins Müsli, am Vormittag zwei Karotten, zu Mittag eine Portion Gemüse, nachmittags eine Banane, abends einen Salat oder eine Gemüsesuppe. Eine Portion kann übrigens gelegentlich auch durch einen Viertelliter reinen Saft, oder durch einen Smoothie (Fruchtpüree bzw. Fruchtmark mit Saft gemischt) ersetzt werden. Auf Dauer sind laut Ernährungsexperten weder Smoothies noch Saft eine Alternative zu frischem Obst und Gemüse, weil nur wenige Obst- und Gemüsesorten zur Zubereitung verwendet werden und obendrein viele Nährstoffe durch Erhitzen der Produkte zwecks Haltbarmachung bzw. durch Schälen der Früchte verlorengehen.

Wenn es einmal schnell gehen soll, bieten sich auch Obst-Snacks aus dem Kühlregal an. Schade, dass das mundgerecht geschnittene frische Obst stark anfällig ist für Verderb. Im Konsument-Test (Konsument 7/2008) waren drei von insgesamt 12 untersuchten Proben zu Ende der Mindesthaltbarkeitsfrist verdorben, bei zwei weiteren wurden Hygienemängel festgestellt. Die Lagerung im Kühlregal kann obendrein zu Lasten des Vitamin-Gehalts gehen.

Geschnittenes Obst aus dem Kühlregal ist stark anfällig für Verderb

Geschnittenes frisches Obst hat meistens sehr stolze Preise. Wenn Sie trotzdem zuschlagen wollen: Im Geschäft auf Hygiene und die Kühlung im Kühlregal achten und rasch konsumieren, lautet der Rat der Tester.

Was in Obst und Gemüse drin steckt

In der österreichischen Ernährungspyramide (► Kapitel „Service“, Seite 144) sind die Empfehlungen für eine gesunde und ausgewogene Ernährung bildlich dargestellt. Wer sich daran hält, versorgt den Körper mit allen Nährstoffen, die er braucht. Mit Eiweiß, Fett und Kohlenhydraten, mit Vitaminen, Mineralstoffen und sekundären Pflanzenstoffen. Die Hauptnährstoffe Eiweiß, Fett und Kohlenhydrate liefern dem Körper Energie. Eiweiß und Kohlenhydrate enthalten pro Gramm je 4 Kilokalorien (kcal), Fett 9 kcal. Darüber hinaus haben die Hauptnährstoffe noch viele andere Funktionen.

Eiweiß

Eiweiß ist für den Körper vor allem auch als Aufbausubstanz wichtig. Wichtige Eiweißlieferanten sind Milchprodukte, Fisch, Fleisch und Ei, aber auch pflanzliche Lebensmittel, wie Getreide, Kartoffeln und Hülsenfrüchte. An Eiweiß herrscht bei der hierzulande üblichen Ernährungsweise kein Mangel. Im Gegenteil: Es wird sogar mehr Eiweiß als nötig zugeführt. Es stammt zu einem hohen Anteil aus tierischen Produkten.

Fett

Von wenigen Ausnahmen abgesehen, steckt in Obst und Gemüse kaum Fett

Fett liefert Energie und essenzielle Fettsäuren, die der Körper braucht, aber nicht selbst herstellen kann, und ist Träger von Geschmacks- und Aromastoffen. Nicht zuletzt braucht der Organismus (ein wenig!) Fett, um die fettlöslichen Vitamine A, D, E und K aufnehmen zu können. Unser Fettkonsum ist aber generell zu hoch.

In Obst und Gemüse steckt kaum Fett. Bei den meisten Arten geht der Fettanteil kaum über ein Prozent hinaus. Die Ausnahmen: Avocados (Fettgehalt 23,5 Prozent) und Nüsse (Fettgehalt teilweise über 50 Prozent).

Kohlenhydrate

Kohlenhydrate sind die wichtigsten Energielieferanten. Sie sollten mindestens 50 Prozent der über die Nahrung zugeführten Energie liefern. Doch in der Praxis ist es meistens weniger.

Es gibt einfache Kohlenhydrate, wie z.B. Frucht-, Trauben-, Milch- oder Haushaltszucker, und komplexe Kohlenhydrate wie Stärke, die vor allem in Getreide und Getreideprodukten enthalten sind. Komplexe Kohlenhydrate werden im Organismus langsam zu Zucker abgebaut und ins Blut abgegeben. Der Blutzuckerspiegel bleibt längere Zeit konstant, man ist satt und leistungsfähig.

Pflanzliche Lebensmittel, die reich an komplexen Kohlenhydraten sind, liefern obendrein Vitamine, Mineralstoffe, sekundäre Pflanzenstoffe und Ballaststoffe.

Ballaststoffe

Ballaststoffe sind Kohlenhydrate, die vom menschlichen Organismus nicht oder nur schwer abgebaut werden können (z.B. Faserbestandteile von Pflanzen). Ballaststoffe gelangen unverdaut in den Darm, quellen dort auf und regeln die Darmtätigkeit. Sie brauchen zum Quellen allerdings Flüssigkeit. Wird zu wenig getrunken, kann eine Verstopfung die Folge sein. Ballaststoffe beeinflussen obendrein die Blutfett- und Blutzuckerwerte positiv. Laut österreichischem Ernährungsbericht nehmen wir zu wenig komplexe Kohlenhydrate und zu wenig Ballaststoffe auf.

Fett- und wasserlösliche Vitamine

Vitamine sind zur Ausübung und Aufrechterhaltung vieler Körperfunktionen nötig. Da sie vom Körper nicht oder nicht in ausreichender Menge gebildet werden können, müssen sie mit der Nahrung aufgenommen werden. Vitamine werden in fettlösliche und wasserlösliche unterteilt. Die Vitamine A, D, E und K sind fettlöslich. Damit sie der Körper gut verwerten kann, sollten sie in Kombination mit etwas Fett aufgenommen werden. Fettlösliche Vitamine werden im Körper gespeichert. Wurden sie in ausreichender Menge zugeführt, kann der Organismus vorübergehend auf die angelegten „Vorräte" zurückgreifen. Alle anderen Vitamine sind wasserlöslich. Diese müssen regelmäßig über die Nahrung aufgenommen werden, weil sie der Körper nur in geringen Mengen speichern kann. Vitamine stecken sowohl in pflanzlichen als auch in tierischen Lebensmitteln.

Eine ausgewogene, vollwertige Ernährung liefert alle Nährstoffe, die der Körper braucht

Es erreicht zwar nicht jedes Obst oder Gemüse bei einzelnen Vitaminen (oder auch Mineralstoffen) Spitzenwerte, doch in Summe kann der Nährstoffbedarf leicht durch eine ausgewogene Ernährung mit viel Gemüse, Obst und Vollkornprodukten gedeckt werden.

Von Vitaminpräparaten oder anderen Nahrungsergänzungsmitteln sollten Sie ohne ärztliche Konsultation jedenfalls besser die Finger lassen. Unkontrolliert eingenommen und in Kombination mit angereicherten Lebensmitteln können kritische Mengen schon auch einmal überschritten werden. Bei manchen Vitaminen (z.B. A, D, bei Rauchern zudem die Vitamin-A-Vorstufe Betacarotin) kann eine überhöhte Aufnahme schädlich sein.

Mineralstoffe: Mengen- und Spurenelemente

Mineralstoffe bilden unter anderem Knochen und Zahnsubstanz und sind für den Stoffwechsel, das Wachstum und die Blutbildung wichtig. Vom Körper können sie nicht gebildet werden. Viele sind lebensnotwendig und müssen daher ebenfalls mit der Nahrung aufgenommen werden. Je nachdem, in welchen Mengen sie im Körper vorkommen, ist zwischen Mengen- und Spurenelementen zu unterscheiden. Mengenelemente (z.B. Kalium, Kalzium) machen mehr als 50 Milligramm pro Kilogramm Körpergewicht aus, Spurenelemente (z.B. Eisen, Fluorid) weniger als 50 Milligramm pro Kilogramm Körpergewicht. Mengenelemente müssen dementsprechend in höheren Mengen zugeführt werden, als Spurenelemente.

Sekundäre Pflanzenstoffe

Etlichen natürlichen Farb- und Aromastoffen wird u.a. eine krebsvorbeugende Wirkung zugeschrieben

Von Pflanzen gebildete Farb-, Aroma-, Duftstoffe sowie Stoffe zur Abwehr von Schädlingen oder Krankheiten werden als sekundäre Pflanzenstoffe bezeichnet. Es gibt Tausende solcher Stoffe. Etwa 5.000 bis 10.000 kommen in Lebensmitteln vor: in Obst, Gemüse, Kartoffeln, Hülsenfrüchten, Nüssen, Vollkornprodukten und fermentierten Lebensmitteln (z.B. Sauerkraut). Sie sorgen u.a. dafür, dass Paradeiser rot oder gelb, Zwiebeln oder Senf scharf sind, Kohl sein typisches Aroma hat, Fraßfeinde oder Krankheiten abgewehrt werden. Von etlichen ist mittlerweile bekannt, dass sie im menschlichen Körper Schutzwirkungen entfalten können, wenn sie in ihrem natürlichen Verbund, in Form von Obst, Gemüse oder Getreide und somit gemeinsam mit sämtlichen anderen Inhaltstoffen dieser Lebensmittel eingenommen werden. Sekundäre Pflanzenstoffe sollen u.a. das Immunsystem unterstützen, vorbeugende Wirkung gegen chronische Erkrankungen haben, günstig auf den Cholesterin- und Blutzuckerspiegel und gegen Entzündungen wirken.

Steckbriefe von Vitaminen, Mineralstoffen und sekundären Pflanzenstoffen finden Sie im Abschnitt „Service" (► Seite 146–148).

Die (möglichen) Schadstoffe

So wie in allen Lebensmitteln können auch in Obst und Gemüse Schadstoffe stecken: Worauf Sie achten sollten und was Sie tun können, damit möglichst wenig davon auf Ihrem Teller landet.

Potenziellen Schadstoffgehalt reduzieren

Obst und Gemüse kann von Natur aus Gifte oder Schadstoffe enthalten, mit Keimen, Rückständen von Pflanzenschutzmitteln oder Umweltschadstoffen belastet sein, zu schimmeln begonnen haben … Ob ein Lebensmittel schimmlig oder faulig ist, sieht man (es ist dann ein Fall für den Mistkübel). Doch viele Schadstoffe sind mit freiem Auge nicht zu erkennen und auch nicht zu riechen oder zu schmecken. Um einen möglichen Schadstoffgehalt auf jeden Fall niedrig zu halten, sollten entsprechende Vorsichtsmaßnahmen Teil der Alltagsroutine sein.

Natürliche Schadstoffe

Durch Kochen werden die in rohen Hülsenfrüchten enthaltenen Schadstoffe zerstört

Manche Pflanzen enthalten von Natur aus Gifte, wie z.B. Blausäure, Lektine, Oxalsäure oder Solanin. Blausäurehaltige Stoffe kommen u.a. in Steinobstkernen, Bittermandeln und manchen Bohnensorten vor. Blausäure verursacht Atemnot, Kopfschmerzen und Erbrechen und ist in hoher Konzentration tödlich. Marillen- oder Pfirsichkerne daher auf keinen Fall als Mandelersatz verwenden, keine bitteren Mandeln essen! In Bohnen enthaltene Blausäure wird durch Kochen zerstört.

Lektine (sie werden auch als Hämagglutinine bezeichnet) kommen in rohen Hülsenfrüchten vor. Lektine sind Eiweißstoffe, die ein Verklumpen der roten Blutkörperchen verursachen. Symptome einer Vergiftung sind u.a. Darmentzündungen. Durch Erhitzen (Kochen und Blanchieren) werden Lektine zerstört.

Oxalsäure ist in größeren Mengen in Spinat, Mangold, Rhabarber, Roten Rüben und Stachelbeeren enthalten. Sie bindet das Kalzium aus der Nahrung und kann bei entsprechend disponierten Menschen die Bildung von Nierensteinen verursachen. Oxalsäurehaltiges Gemüse oder Obst sollte daher zum Ausgleich mit Milchprodukten kombiniert werden. Blanchieren reduziert zudem den Oxalsäuregehalt. Kochwasser wegschütten!

Solanin ist ein Pflanzengift, das im Stielansatz von Paradeisern, Melanzani sowie in grünen Stellen von Erdäpfeln und in unreifen Paradeisern enthalten ist. Solanin kann Kopfschmerzen, Erbrechen und Durchfälle hervorrufen. Grüne Stellen großzügig heraus schneiden und keine unreifen Tomaten essen. Solanin wird durch Hitze nicht deaktiviert. Da es wasserlöslich ist, geht es teilweise in das Kochwasser über. Kochwasser daher wegschütten!

Nitrat

Nitrat kommt natürlicherweise in allen Pflanzen vor und st selbst an sich ungefährlich. Doch es kann sich zu Nitrit umwandeln, aus dem sich während der Verdauung krebserregende Nitrosamine bilden können. Im Körper von Babys gebildetes Nitrit stört den Sauerstofftransport des Blutes und kann eine lebensgefährliche Blausucht auslösen.

Zu den stark nitratspeichernden Pflanzen zählen Blattsalat, Spinat, Fenchel, Mangold, Rote Rüben, Rucola, Rettich, Radieschen und Kohlrabi. Im Strunk, den Mittelrippen und den äußeren Blättern von Pflanzen ist mehr Nitrat enthalten als in den inneren. Erbsen, Gurken, Karfiol, Kohlsprossen, Knoblauch, Paprika, Paradeiser und Zwiebeln sind von Natur aus an sich nitratarm. Doch der Nitratgehalt einer Pflanze wird auch durch ihre Produktionsweise beeinflusst. Im Freiland wird Nitrat durch die UV-Strahlung im Sonnenlicht abgebaut. Doch im Glashaus können selbst an sich nitratarme Pflanzen einen hohen Nitratgehalt entwickeln. Stark gedüngtes Gemüse hat in der Regel einen höheren Nitratgehalt als schwächer gedüngtes.

UV-Strahlung im Sonnenlicht baut Nitrat ab

Gemüse daher am besten saisongerecht, aus Freilandanbau, kaufen! Von Natur aus nitratreiches Gemüse nur kurz und im Kühlschrank lagern: Bei tieferen Temperaturen geht die Umwandlung von Nitrat zu Nitrit langsamer von statten. Von Salat und Blattgemüse die äußeren Blätter, den Strunk und die starken Mittelrippen entfernen. Blanchieren beziehungsweise Kochen in viel Wasser reduziert den Nitratgehalt – Kochwasser wegschütten! Vitamin C wirkt der Bildung von Nitrosaminen entgegen: Zu nitratreichem Gemüse daher Paprika dazugeben, mit Zitrone würzen oder Vitamin-C-haltigen Fruchtsaft trinken. Babys dürfen überhaupt kein nitratreiches Gemüse bekommen.

Keime

Hygiene in der Küche schützt vor Lebensmittelinfektionen

Listerien sind Bakterien, die in der Natur nahezu überall verbreitet sind. Eine Art, Lysteria monocytogenes, ist beim Menschen krankheitserregend. Geringe Keimzahlen sind für ein intaktes Immunsystem aber meistens kein Problem. Gefährlich sind Listerien für immungeschwächte Personen und Schwangere. Eine Infektion (erste Krankheitssymptome sind Durchfall und Bauchschmerzen) erfolgt meistens über kontaminierte Lebensmittel, u.a. auch über erdigen Salat oder Gemüse. Damit keine Listerien übertragen werden: erdiges Gemüse nicht zusammen mit sauberem lagern, Gemüse und Salate gründlich waschen und Salat zudem kräftig säuern!

Vor allem Geflügel, Faschiertes, Fleisch und Eier sind häufig von Krankheitserregern wie z.B. Salmonellen befallen. Symptome einer Salmonellen-Infektion sind Durchfall und hohes Fieber. Salmonellen werden beim Erhitzen auf 70 bis 80 Grad vernichtet. Kühle Lagertemperaturen verlangsamen ihr Wachstum. Durch Einfrieren werden sie nicht abgetötet.

Damit nun eventuell in rohem Hühnerfleisch vorhandene Salmonellen nicht auf Salat übertragen werden, müssen Lebensmittel, die roh gegessen, und solche, die noch gegart werden, streng getrennt voneinander im Kühlschrank gelagert und streng getrennt voneinander zubereitet werden. Hände, Schneidbrett und Messer nach jedem Arbeitsgang gründlich reinigen, die Arbeitsfläche säubern!

Pestizide

„Pestizide" ist ein Sammelbegriff für verschiedene Pflanzenschutzmittel. Sie werden verwendet, um Kulturpflanzen auf dem Feld und während der Lagerung vor Unkraut, Schadinsekten oder Pilzen zu schützen. Je nachdem, wann Pflanzenschutzmittel eingesetzt wurden und wie langlebig ihre Wirkstoffe sind, können Nahrungspflanzen mehr oder weniger stark mit Rückständen belastet sein. Pestizide unterliegen zwar strengen Zulassungsverfahren, und wie viel von einem Pflanzenschutzmittel maximal in einem Lebensmittel stecken darf, ist per Höchstwert rechtlich verbindlich geregelt. Welche Wirkungen aber Kombinationen aus mehreren Pestiziden haben, weiß man bislang nicht. Es gibt keine Summengrenzwerte für Pestizide.

Wie viele Pestizide in Summe in einem Lebensmittel stecken dürfen, ist nach wie vor nicht geregelt

In Konsument-Tests wurden während der letzten Jahre Weintrauben, Salat, Paprika und Erdbeeren auf Pestizidrückstände untersucht. Dabei wurden beim Großteil der Proben Rückstände nachgewiesen, in einigen wenigen Fällen auch jenseits der gesetzlichen Höchstwerte – diese Proben hätten nicht in den Verkauf gelangen dürfen.

Im Frühjahr 2010 fahndeten die Tester schließlich bei 104 Obst- und Gemüseproben (Äpfel, Erdbeeren, Blattsalate, Paprika, Paradeiser, Erdäpfel und Spargel) nach Pestizidrückständen. Resümee: Während der letzten Jahre sind die Belastungen zurückgegangen. Aber: Bei vielen Obst- und Gemüseproben wurde mehr als nur ein Pflanzenschutzmittel festgestellt. Zwei dieser Proben (Äpfel und Blattsalat) hatten einen relativ hohen Gesamt-Pestizidgehalt. Doch der jeweils für die einzelnen Pflanzenschutzmittel festgelegte Höchstwert wurde in keinem Fall überschritten. Bei Bioprodukten wurden in dieser Untersuchung keinerlei Pestizide nachgewiesen.

Pestizide lagern sich teils außen an den Pflanzen ab, teils gelangen sie durch das Wurzelwerk in das Pflanzeninnere. Rückstände können daher nur teilweise abgewaschen werden. Trotzdem: Obst und Gemüse gründlich mit kaltem Wasser waschen, größere Früchte eventuell abbürsten oder mit einem Tuch abreiben, äußere Blätter von Freilandsalaten und Blattgemüse entfernen.

Umweltschadstoffe

Mit gründlichem Waschen und Entfernen der äußeren Blätter von Salat und Blattgemüse rücken Sie gleichzeitig auch Umweltschadstoffen wie polyzyklischen aromatischen Kohlenwasserstoffen (PAK) und dem toxischen Schwermetall Blei zu Leibe.

PAK gelangen über die Verbrennung fossiler Energieträger, aber auch durch den Verkehr in die Umwelt. Sie werden über Nahrung und Trinkwasser, über die Haut und die Atmung aufgenommen und lagern sich bei großblättrigen Salat- und Gemüsesorten an der Oberfläche ab. Einige PAK sind krebserregend.

Toxische Schwermetalle wie Blei oder auch Cadmium gelangen durch Industrie, Verbrennung, Autoabgase und Düngemittel in die Umwelt. Blei lagert sich mit Staub und Niederschlägen vor allem außen an Obst und Gemüse ab. Cadmium wird hauptsächlich über das Wurzelwerk aus dem Boden aufgenommen, sein Gehalt lässt sich daher durch Waschen nicht reduzieren. Schwermetalle reichern sich bei Mensch und Tier vor allem in Leber und Niere an. Symptome einer Bleivergiftung sind unter anderem Magen-Darm-Störungen, Abgeschlagenheit, Appetitstörungen. Cadmium kann Funktionsstörungen von Organen verursachen.

Schimmelpilze

Selbst wenn nur ein Stecknadelkopf großer Schimmelfleck zu sehen ist: Das befallene Lebensmittel muss entsorgt werden

Feuchtigkeit und warme Temperaturen bei Ernte, Lagerung und Transport lassen Schimmel sprießen. Er breitet sich vor allem in Lebensmitteln mit hohem Wassergehalt rasch aus und kann selbst dann, wenn von außen nur kleine weißlich-grünliche Flecken zu sehen sind, bereits einen Großteil des Lebensmittels befallen haben. Das Gefährliche an den Schimmelpilzen sind ihre Stoffwechselprodukte. Diese können giftig sein. Patulin beispielsweise ist ein solches giftiges Stoffwechselprodukt. Es kommt vor allem in faulendem (braunstichigen) Obst und Getreide vor. Schimmelpilzgifte können Organe (z.B. Leber, Niere, Magen, Darm) schädigen, das Immunsystem schwächen, manche möglicherweise Krebs erzeugen. Schimmelpilze sind obendrein oft sehr stabil und überstehen Erhitzen oder Einfrieren.

Um Schimmelbildung hintanzuhalten, Lebensmittel gut gekühlt lagern. Angefaultes, braunstichiges und bereits sichtbar angeschimmeltes Obst und Gemüse unverzüglich wegwerfen!

Groß eingekauft – was nun?

Sie konnten am Markt dem knackig frischen Gemüse und dem schönen saftigen Obst nicht widerstehen und haben groß eingekauft. Gleich verbrauchen, lagern oder konservieren? In jedem Fall Frische und Qualität erhalten, so gut es nur geht.

Vitaminverluste gering halten

Frisches Obst und Gemüse hat noch alle seine wertvollen Inhaltsstoffe. Um Vitaminverluste gering zu halten, sollte es rasch nach dem Einkauf verbraucht, oder – wenn das nicht geht – richtig gelagert werden. Ob gleich oder später – die Zubereitung sollte auf jeden Fall nährstoffschonend sein. Wer vom saisonalen Angebot in größerem Umfang profitieren und Obst und Gemüse über die Saison hinaus haltbar machen will, muss es konservieren.

Nährstoffschonend zubereiten

Putzen, waschen und zerkleinern Sie Obst und Gemüse erst unmittelbar vor dem Zubereiten. Beim Putzen werden Schmutz, harte, welke oder ungenießbare Stellen, Blätter und Stiele, bei Blattgemüse zudem Außenblätter, Strünke und dicke Rippen entfernt (u.a. auch um den Nitratgehalt zu senken).

Waschen Sie geputztes Obst und Gemüse in kaltem Wasser kurz, aber gründlich und vor allem unzerteilt, damit keine Nährstoffe ausgeschwemmt werden. Empfindliche Früchte, wie z.B. Beeren, nur in das kalte Wasser tauchen oder vorsichtig abbrausen.

Einmal zerkleinert, sollte Obst und Gemüse schnell weiterverarbeitet werden

Schälen Sie Obst und Gemüse – wenn überhaupt – nur dünn oder schaben Sie es ab. Verarbeiten Sie alles nach dem Zerkleinern zügig weiter, damit möglichst viel von den sauerstoffempfindlichen Vitaminen erhalten bleiben. Ein Spritzer Zitronensaft schützt vor dem Braunwerden.

Durch langes Kochen in viel Wasser gehen viele Mineralstoffe und Vitamine verloren. Warmhalten oder Aufwärmen von Speisen geht ebenfalls zu Lasten des Vitamingehalts. Beim kurzen Garen mit wenig Wasser, beim Dünsten oder beim Dämpfen (in einem Sieb über kochendem Wasser in Dampf garen) bleiben Vitamine und Mineralstoffe am besten erhalten.

Falls Sie mehr gekocht haben, als gegessen wird: Reste einfrieren und erst unmittelbar vor dem Verspeisen wieder erhitzen.

Richtig lagern

Was nicht gleich verbraucht wird, muss gelagert werden. Wo weder eine kühle Speisekammer noch ein trockener und kühler Vorratskeller vorhanden ist, bleibt lediglich die Wahl zwischen Lagerung im Kühlschrank und Lagerung bei Raumtemperatur.

Gemüse und Früchte sind großteils in der Gemüselade des Kühlschranks gut aufgehoben. Die einen (z.B. Spargel oder Rhabarber) bleiben länger knackig, wenn sie vor dem Einlagern in ein feuchtes Tuch eingeschlagen werden, die anderen (etwa Karotten oder Radieschen), wenn grüne Pflanzenteile entfernt werden (bleibt das Grün dran, entzieht es dem Gemüse Feuchtigkeit), die dritten wiederum (z B. Erdbeeren) sollten nach Möglichkeit in ein flaches Gefäß geschlichtet werden.

Vorsicht ist bei exotischen Früchten wie beispielsweise Ananas, Mangos und bei Zitrusfrüchten angebracht. Sie sind kälteempfindlich und können bei zu kühler Lagerung „erfrieren". Wer einen Kühlschrank mit Kellerzone (etwa 8 bis 12 Grad Celsius) hat, kann empfindliche Früchte dort aufbewahren. Andernfalls ist eine (kurzfristige) Lagerung bei Zimmertemperatur die bessere Wahl.

Bei Erdäpfeln, Gurken, Melanzani, Paprika, Paradeisern und Zucchini kann zu kühle Lagerung zu Lasten des Geschmacks gehen. Erdäpfel sollten beispielsweise nicht unter plus 5 Grad Celsius, Gurken und Paradeiser nicht unter 8 Grad gelagert werden.

Kontrollieren Sie ab und zu die Kühlschrank-Temperaturen

Wenn Sie genau wissen wollen, welche Temperaturen in ihrem Gemüsefach herrschen: Stellen sie ein Thermometer in ein Glas Wasser und das Ganze in den Kühlschrank. Auf diese Weise schlagen sich kurzfristige Schwankungen der Lufttemperatur nicht in den Messergebnissen nieder. Auch Beeren können im Kühlschrank rasch an Aroma verlieren. Aber bei solchen empfindlichen Früchten heißt es vor allem an heißen Sommertagen schon genau abwägen: Auf der einen Seite gibt es mögliche Aromaverluste durch die Kühlung, auf der anderen Seite binnen kurzem möglichen Verderb durch Fäulnis oder Schimmelbefall.

Aufpassen heißt es auch, welches Obst und Gemüse neben welchem gelagert wird. Denn manche Obst- und Gemüsearten scheiden Ethylen aus, ein Gas, das wiederum andere Obst- und Gemüsearten schneller reifen lässt und dadurch letztendlich deren Haltbarkeit verkürzt. Äpfel,

Birnen, Paradeiser und Bananen beispielsweise scheiden viel Ethylen aus. Brokkoli, Karfiol, Mangos, Kiwis, Honigmelonen zählen zu den ethylenempfindlichen Obst- und Gemüsearten. Wird ethylenausscheidendes Obst oder Gemüse direkt neben ethylenempfindlichem gelagert, wird letzteres schnell weich.

Ethylenempfindliches Obst und Gemüse

Getrennte Lagerung schützt vor beschleunigter Reife

Sehr hoch empfindlich: Brokkoli, Honigmelonen, Karfiol, Kiwis, Kohl, Kohlsprossen, Mangos.

Hoch empfindlich: Äpfel, Avocados, Bananen, Birnen, Gurken, Marillen, Nektarinen, Papayas, Paradeiser, Passionsfrüchte, Pfirsiche, Quitten.

Mittel empfindlich: Blattgemüse (z.B. Spinat), Cantaloupe-Melonen, Erdäpfel, Heidelbeeren, Litchis, Okra, Oliven, Paprika, Pilze, Porree, Zitrusfrüchte.

Starke Ethylenausscheider

Sehr hohe Ethylenabgabe: Äpfel (Unterschiede gibt es je nach Sorte), Kapstachelbeeren (Physalis), Passionsfrüchte.

Hohe Ethylenabgabe: Avocados, Birnen, Cantaloupe-Melonen, Feigen, Marillen, Nektarinen, Papayas, Pfirsiche, Zwetschken.

Mittlere Ethylenabgabe: Bananen, Feigen, Guaven, Heidelbeeren, Kochbananen, Mangos, verschiedene Melonen, Paradeiser. Quelle: aid

Tiefkühlen

Die nährstoffschonendste Methode, Obst und Gemüse längere Zeit haltbar zu machen, ist tiefkühlen. Die Lagerung bei Temperaturen unter dem Gefrierpunkt geht weniger zu Lasten des Nährstoffgehalts als eine Lagerung bei Raumtemperatur oder im Kühlschrank. Obst und Gemüse eignet sich in der Regel gut zum Tiefkühlen (ausgenommen solches

Gemüse, das in erster Linie für Salate verwendet wird, wie z.B. Kopfsalat oder Chinakohl).

Je frischer Sie Obst und Gemüse einfrieren, desto länger behält es seine Qualität. Einwandfreie Ware hält tiefgekühlt bis zu einem Jahr. Vollreifes, sehr saftiges Obst oder Gemüse frieren Sie am besten püriert oder bereits zubereitet (als Dessert oder Soße) ein – Wasserreiches wird beim Auftauen matschig. Beeren behalten nach dem Auftauen eher ihre Konsistenz, wenn sie vor dem Einfrieren mit Zucker gemischt werden.

Obst und Gemüse muss vor dem Einfrieren geputzt, gewaschen und meist auch zerkleinert werden. Gemüse und manches Obst (laut deutscher Stiftung Warentest etwa Äpfel oder Birnen) ist vor dem Tiefkühlen noch zu blanchieren, damit es während der Lagerung seine Frische und Farbe behält.

Zum Blanchieren wird das zerkleinerte Gemüse beziehungsweise Obst ein bis fünf Minuten in kochendes Wasser gegeben und anschließend in einer Schüssel mit Eiswasser (oder sehr kaltem Wasser) abgeschreckt. Oberflächenenzyme, die Verfärbungen und Geschmacksveränderungen verursachen können, werden auf diese Weise inaktiv gemacht. Danach gut abtropfen lassen.

Damit zerkleinertes Gemüse, Beerenobst oder entkernte Steinobststücke nicht zusammenklumpen, frieren Sie es am besten lose – auf einem Blech ausgelegt – ein. Packen sie es danach portionsweise in einen Gefrierbeutel oder einen gefriergeeigneten Behälter und verschließen sie die Verpackung gut. In der Verpackung sollte möglichst wenig Luft bleiben, damit kein Gefrierbrand entsteht. Von Gefrierbrand befallene (durch Kontakt mit Frischluft ausgetrocknete) Lebensmittel haben eine helle Oberfläche, strohiges Aussehen und schmecken nicht mehr gut.

Damit Tiefgekühltes während der Lagerung nicht an Qualität verliert, darf die Verpackung weder Luft noch Feuchtigkeit durchlassen

Der Gefriervorgang sollte so rasch wie möglich abgeschlossen sein. Kleinere Stücke oder Portionen sind naturgemäß schneller durchgefroren als große Mengen oder Stücke. Möglichst tiefe Temperaturen während des Einfrierens verhindern zudem, dass sich im Inneren der Lebensmittel zu große Eiskristalle bilden. Diese zerstören die Zellwände und lassen die Lebensmittel beim Auftauen matschig und gallertig werden. Vermerken Sie vor dem Einfrieren Datum und Inhalt auf der Packung.

Obst und Gemüse, das zur Weiterverarbeitung bestimmt ist, kann noch tiefgefroren in den Topf oder in die Mikrowelle kommen. Es braucht vorher nicht erst aufzutauen. Obst, das nicht zum Garen bestimmt ist, können Sie auch bei Zimmertemperatur oder in der Mikrowelle auftauen lassen.

Abgesehen vom Einfrieren gibt es noch viele weitere Möglichkeiten, Obst und Gemüse zu verarbeiten und über Monate hinweg haltbar zu machen: Wer den Hang und die Energie zum Fabrizieren von Vorräten in der eigenen Küche hat, hat die Qual der Wahl: Ob süße Marmeladen oder Gelees, Kompotte, Muse, Säfte oder Sirup, pikante Chutneys (süß-saure Marmeladen aus Obst oder Gemüse), Relishes (Würzsoßen aus Obst und Gemüse), in Essig beziehungsweise in Öl eingelegtes Gemüse – der Phantasie scheinen kaum Grenzen gesetzt. Kochbücher und Internet liefern genaue Handlungsanleitungen und Rezepte sonder Zahl.

Obst von A–Z

Egal ob Kirschen, Pfirsiche, Äpfel, Birnen, Bananen oder Orangen: Im Einkaufskorb sollen nur die besten Früchte landen. Heimisches Obst schmeckt in der Saison am besten.

Ananas

Die Ananas stammt ursprünglich aus Südamerika. Heute sind u.a. Brasilien, Thailand, die Philippinen, Costa Rica, Indien, Indonesien wichtige Produzentenländer. Die Schale der bis zu fünf Kilo schweren Frucht ist grünlich bis gelb oder auch rotbraun, das Fruchtfleisch gelb und saftig und schmeckt süß-sauer bis süß.

Saison

Ananas sind bei uns ganzjährig erhältlich, doch im Winter ist das Angebot am größten.

Einkauf

Reife Ananas duften angenehm, und ihr Fruchtfleisch gibt auf leichten Druck nach. Klopft man mit der flachen Hand auf die Frucht, klingt sie dumpf. Ob die Schale grün oder gelb ist, sagt nichts über die Reife aus. Doch gelb verfärbte Blätter oder dunkel verfärbte Stellen an der Schale sind eindeutige Zeichen für mangelnde Frische.

Aufbewahrung und Haltbarkeit

Ananas sollten möglichst bald nach dem Einkauf gegessen werden, vor allem dann, wenn sie bereits angeschnitten sind. Im Gemüsefach des Kühlschranks halten angeschnittene Früchte (Schnittfläche mit Folie abdecken!) ein bis zwei Tage. Vorsicht: Ananas sind kälteempfindlich. Werden sie zu kühl gelagert, bekommt das Fruchtfleisch dunkle Flecken.

Küchentipps

Für die Zubereitung den Stielansatz und den oberen Teil mit der Blattkrone wegschneiden, die Frucht in Scheiben schneiden, Schale und die holzige Mitte entfernen. Ananas schmecken roh, eigen sich aber auch gut für Obstsalate, als Kompott, Marmelade oder als Beilage gedünstet zu Fleisch oder Geflügel.

Nährwert und Inhaltsstoffe

Ananas haben einen hohen Fruchtsäureanteil, liefern Kalium und etwas Vitamin C. In 100 Gramm Frucht stecken 56 kcal. Ananas enthalten das Enzym Bromelin. Dieses Enzym lässt Milchprodukte gerinnen und bitter werden und verhindert, dass Gelatine fest wird. Durch Erhitzen wird Bromelin zerstört.

Zahlen und Fakten

Pro-Kopf-Verbrauch: 2,7 kg
Zuletzt waren bei uns vor allem aus Costa Rica importierte Ananas erhältlich.
Quelle: Statistik Austria

Äpfel

Äpfel sind mit Abstand das beliebteste Obst hierzulande. Ihre ursprüngliche Heimat ist wahrscheinlich Kleinasien. Heute werden sie weltweit in gemäßigten Klimazonen produziert. Es gibt Tausende Apfelsorten. Sie werden unter anderem nach Form, Farbe und Reifezeit eingeteilt. Manche können direkt nach der Ernte verspeist werden, andere brauchen wiederum nach dem Pflücken noch einige Zeit, um ihren typischen Geschmack zu entwickeln. Im Erwerbsobstbau werden nur vergleichsweise wenige Sorten produziert. Bei uns gängige Sorten sind unter anderem Golden Delicious (goldgelbe Schale, gelbliches, saftiges, süßes und säurearmes Fruchtfleisch), Jonagold (Kreuzung aus Golden Delicious und Jonathan, grünlich-gelbe beziehungsweise rote Schale mit deutlichen Streifen, weißlich-gelbes, saftig-süßes feinsäuerliches Fruchtfleisch) oder Gala (ebenfalls eine Kreuzung aus Golden Delicious und einer weiteren Sorte; hellrote, glatte Schale, saftiges, süß-aromatisches Fruchtfleisch).

Saison Juli bis Ende Oktober. Als Lagerobst gibt es Äpfel aus österreichischer Produktion üblicherweise von November bis einschließlich April.
Quelle: Umweltberatung

Einkauf Frische Äpfel sind prall und knackig und duften aromatisch. Ihre Farbe sollte der Sorte entsprechen und intensiv sein. Und natürlich sollte die Schale unversehrt sein und die Frucht keine Druckstellen haben. Achtung: Etliche Vitamine sind lichtempfindlich. Daher gilt generell: Früchte, die in der prallen Sonne liegend angeboten werden, haben möglicherweise bereits einen Teil ihrer Vitamine eingebüßt. Ein vertrockneter Stiel und eine runzelige Schale zeigen, dass Äpfel ihre beste Zeit bereits hinter sich haben

Aufbewahrung und Haltbarkeit

Äpfel reifen nach dem Pflücken nach. Sie halten einige Tage bei Zimmertemperatur, sollten aber, da sie starke Ethylenausscheider sind, getrennt von ethylenempfindlichem Obst (z.B. Kiwis, Mangos) und Gemüse (z.B. Brokkoli) aufbewahrt werden, damit dieses nicht vorzeitig altert. In Obstschalen liegende Früchte besser abdecken, damit sie keine Fruchtfliegen anlocken. Im Gemüsefach des Kühlschranks gelagert, halten Äpfel ein bis zwei Wochen. In Spalten geschnittene Äpfel können lose auf ein Blech gelegt eingefroren werden.

Küchentipps

Damit sich das Fruchtfleisch nicht braun verfärbt, sollten Äpfel nach dem Aufschneiden mit Zitronensaft beträufelt werden. Äpfel schmecken roh, als Zutat im Obstsalat ebenso wie gemeinsam mit Karotten oder Sellerie geraspelt als pikanter Salat, als Kompott, Mus, Gelee oder Saft, als Chutney, in Kuchen, Strudeln und als Tortenbelag, als Füllung von Enten oder Gänsen, als Beilage zu Fleischgerichten, als Bratapfel ... und in zahlreichen weiteren Varianten. Zum Kochen eignen sich säurereiche Äpfel meistens besser als ausschließlich süße. Letztere sind als Zutat oft relativ geschmacksarm.

Nährwert und Inhaltsstoffe

In 100 Gramm Apfel sind durchschnittlich 54 kcal enthalten. Äpfel liefern insgesamt reichlich Vitamine und Mineralstoffe, erreichen aber jeweils bei einzelnen Vitaminen beziehungsweise Mineralstoffen nicht unbedingt Spitzenwerte. Ihr Vitamin-C-Gehalt beispielsweise hängt unter anderem stark von der Sorte ab. Der Ballaststoff Pektin wirkt verdauungsfördernd und kann zudem den Cholesterinspiegel senken. Da die meisten Vitamine (und auch die meisten sekundären Pflanzenstoffe) in oder direkt unter der Schale enthalten sind, sollten Äpfel mitsamt der Schale verspeist werden. Trotz ihres niedrigen Kaloriengehalts sättigen Äpfel gut und eignen sich daher sehr gut als Jause.

Zahlen und Fakten

Pro-Kopf-Verbrauch: 29,4 kg
Selbstversorgungsgrad: 93 Prozent
Heimische Äpfel werden vor allem in steirischen, niederösterreichischen und burgenländischen Erwerbsobstanlagen erzeugt.
Wichtige Importländer sind u.a. Ungarn, Tschechien, Italien, Slowenien.
Quelle: Statistik Austria

Avocados

Avocados haben je nach Sorte eine grüne bis fast schwarze, glatte, gerunzelte oder warzige Schale. Ihr Fruchtfleisch ist weißlich grün oder gelblich, cremig und schmeckt nussig, der Kern ist ungenießbar. Die ursprünglich aus Mexiko stammende Baumfrucht wird heute weltweit in den Tropen und zudem in Ländern wie Südafrika, Israel, Spanien, Kalifornien und Peru produziert. Bei uns waren zuletzt laut Statistik Austria vor allem aus Israel, Südafrika, Spanien und Peru importierte Avocados erhältlich.

Saison

Avocados werden bei uns ganzjährig angeboten. Von Herbst bis Frühjahr können beispielsweise Israel oder Spanien liefern, von März bis Oktober u.a. Südafrika.

Einkauf

Die Farbe der Schale hängt von der Sorte ab und gibt keinen Hinweis auf die Reife. Reife Früchte geben auf leichten Fingerdruck nach und sollten keine dunklen Flecken haben. Im Handel angebotene Avocados sind allerdings meistens noch hart.

Aufbewahrung und Haltbarkeit

Harte Avocados reifen bei Zimmertemperatur binnen weniger Tage nach. Reife Avocados halten im Kühlschrank (Gemüsefach) etwa zwei bis drei Tage. Avocados produzieren Ethylen, daher besser getrennt von anderem Obst und Gemüse lagern. Aufgeschnittene Avocados können im Kühlschrank ein bis zwei Tage aufbewahrt werden. Schnittfläche mit Zitrone beträufeln, damit sie sich nicht dunkel verfärbt, und mit Folie abdecken. Püriert und tiefgefroren halten sie etwa ein Jahr.

Küchentipps

Avocados werden meistens roh (beispielsweise als Salat oder püriert mit diversen Gewürzen abgeschmeckt) gegessen. Für die Zubereitung die Frucht der Länge nach aufschneiden und die Hälften gegeneinander drehen, damit sich der Stein löst. Schale mit einem spitzen Messer entfernen, oder das Fruchtfleisch mit einem Löffel aus der Schale lösen. Avocado wird durch Kochen bitter.

Nährwert und Inhaltsstoffe

Avocados sind sehr fett- und daher auch kalorienreiche Früchte. Sie enthalten je 100 Gramm essbarem Anteil durchschnittlich 23,5 g Fett (reich an ungesättigten Fettsäuren) und liefern 221 kcal. In Avocados stecken zudem Vitamin E, B6, Kalium und Kupfer.

Bananen

Im Ranking der beliebtesten Früchte nehmen Bananen bei uns nach Äpfeln Platz zwei ein. Bananen sind eine Staudenfrucht, ihre Heimat wahrscheinlich Südostasien. Heute werden sie vor allem in Süd- und Mittelamerika, Asien, Afrika und den Kanarischen Inseln angebaut. Die bei uns am häufigsten angebotene Sorte, die klassische, große Obstbanane, hat eine gelbe Schale und cremefarbenes Fruchtfleisch. Daneben gibt es noch die kleinere und süßere Babybanane, die ebenfalls kleinere Apfelbanane mit ihren an Äpfel erinnernden Geschmack, rote Bananen (ebenfalls roh zu verspeisen) und dann auch noch Koch- oder Mehlbananen, die in tropischen und subtropischen Regionen Afrikas, Asiens und Mittel- bzw. Südamerikas zu den Grundnahrungsmitteln zählen. Kochbananen sind roh ungenießbar.
Bananen werden unreif geerntet. Lässt man sie bis zur Reife an den Stauden, schmecken sie oft mehlig-fad. Zudem lassen sich die unreifen Früchte besser transportieren. Nach dem Transport kommen die Bananen zum Ausreifen in Klimakammern, wo sich dann letztendlich auch Aroma und Geschmack des Fruchtfleisches entwickeln.

Saison

Bananen sind bei uns ganzjährig erhältlich.

Einkauf

Unreife Bananen haben eine grüne oder grün-gelbliche Schale, reife Bananen eine gelbe. Sind darauf braune Pünktchen zu sehen, ist die Frucht schon schön süß. Haben die Schalen bereits größere braune Flecken, sind die Bananen überreif und sollten gleich nach dem Einkauf gegessen werden. Achten Sie darauf, dass die Bananen keine weichen Stellen haben und die Schale unversehrt ist.

Aufbewahrung und Haltbarkeit

Bananen sind kälteempfindlich. Bei Temperaturen unter 12 Grad verfärbt sich die Schale und das Aroma des Fruchtfleisches leidet. Bananen gehören daher nicht in den Kühlschrank, sondern sind bei Raumtemperatur zu lagern. Unreife Bananen reifen problemlos nach. Das geht schneller, wenn sie gemeinsam mit Äpfeln in der Obstschale liegen. Bananen können püriert und mit einigen Tropfen Zitronensaft abgemischt tiefgekühlt werden.

Küchentipps

Sofern Bananen nicht gleich frisch verspeist werden, lassen sich mit ihnen Obstsalate, Marmeladen oder auch pikante Chutneys zubereiten. Für Milchmixgetränke oder für Kuchen eignen sich nicht nur frische Bananen, sondern auch aufgetautes Püree. Bananen schmecken zudem hervorragend als Schokofondue oder gegrillt. Gedünstet sind sie als Beilage für Fleischgerichte geeignet. Ebenfalls köstlich: Bananencurry.

Damit sich geschälte und geschnittene Bananen nicht braun verfärben, mit Zitronensaft beträufeln!

Nährwert und Inhaltsstoffe

Bananen liefern reichlich Kohlenhydrate (hauptsächlich verschiedene Zuckerarten), haben einen relativ geringen Wassergehalt und sind daher nahrhaft. In 100 Gramm stecken durchschnittlich 95 kcal. Darüber hinaus tragen Bananen zur Versorgung mit Vitamin B6 bei und liefern an Mineralstoffen vor allem Kalium, Magnesium und Mangan. Sie haben so wie jedes Obst einen geringen Natriumgehalt.

Zahlen und Fakten

Pro-Kopf-Verbrauch: 11,7 kg
Wichtige Importländer sind u.a. Ecuador, Costa Rica, Kolumbien und Panama.
Quelle: Statistik Austria

Beeren

Brombeeren

Was landläufig als Beere bezeichnet wird, ist oft gar keine: Brombeeren (und Himbeeren) sind an sich Sammelsteinfrüchte. Jede der kleinen Einzelfrüchte, die zusammen die Beere bilden, ist wie eine Steinfrucht aufgebaut. Brombeeren sind dunkelrot bis schwarz, süß-säuerlich und saftig, wild wachsende Brombeeren meistens kleiner und aromatischer als gezüchtete.

Saison

Juli bis Ende Oktober.
Quelle: Umweltberatung

Einkauf

Reife Brombeeren lösen sich leicht von den Stielen und sollen prall, glänzend und trocken sein. Achtung: Sie sind sehr empfindlich und schimmeln leicht.

Aufbewahrung und Haltbarkeit

Rasch verbrauchen. Reif halten sie im Kühlschrank nur ein bis zwei Tage. Brombeeren lassen sich gut einfrieren: Lose auf ein Backblech legen und tiefgefroren in einen Behälter füllen.

Küchentipps

Die Beeren in einem Sieb kurz in eine Schüssel mit Wasser tauchen, abtropfen lassen und die Blütenansätze entfernen. Aus Brombeeren lassen sich Marmeladen, Gelees und Saft zubereiten. Sie schmecken roh, mit Jogurt, Eis, als Milchshake, als Tortenbelag …

Nährwert und Inhaltsstoffe

Brombeeren sind reich an Provitamin A, Vitamin K, E und C und liefern Mangan und Magnesium. In 100 Gramm Beeren stecken 44 kcal.

Heidelbeeren

Waldheidelbeeren sind klein, rund und durch und durch blauschwarz. Wer sie isst, bekommt eine blaue Zunge und blaue Zähne. In den Geschäften werden vor allem die deutlich größeren Kulturheidelbeeren mit hellem Fruchtfleisch angeboten.
Österreichische Kulturheidelbeeren stammen laut Statistik Austria vor allem aus steirischen und oberösterreichischen Erwerbsobstanlagen. Zuletzt waren u.a. Deutschland und Spanien wichtige Importländer für Heidelbeeren (inkl. Preiselbeeren).

Saison

Juli bis Ende September.
Quelle: Umweltberatung

Einkauf

Frische Heidelbeeren haben an der Oberfläche einen weißlichen Belag, sind prall und sollten unversehrt sein. Heidelbeeren reifen nach.

Aufbewahrung und Haltbarkeit

Heidelbeeren können im Kühlschrank (Gemüsefach) bis zu einer Woche gelagert werden. Sie eignen sich auch gut zum Einfrieren.

Küchentipps

Waldheidelbeeren waschen und dann am besten kochen (Fuchs-Bandwurm!), Kulturheidelbeeren in einem Sieb abbrausen und abtropfen lassen. Heidelbeeren schmecken pur, mit Eis oder Jogurt, als Saft, Marmelade, Gelee, auf Torten, in Kuchen ...

Nährwert und Inhaltsstoffe

Waldheidelbeeren liefern mehr Vitamin C als Kulturheidelbeeren, die wiederum zuckerhaltiger sind.
100 Gramm Waldheidelbeeren haben 37 kcal, 100 Gramm Kulturheidelbeeren 83 kcal.

Himbeeren

Sie sind rot, rund bis länglich, saftig und süß, haben einen zarten Flaum und ein intensives Aroma. Auch hier gilt: Wildwachsende Früchte sind kleiner und oft aromatischer als gezüchtete. Heimische Himbeeren kommen vor allem aus steirischen und niederösterreichischen Erwerbsobstanlagen. Die wichtigsten Importländer für Himbeeren (und Brombeeren) sind laut Statistik Austria vor allem Polen, Serbien und Spanien.

Saison Juni bis Ende Oktober.
Quelle: Umweltberatung

Einkauf Himbeeren sind sehr empfindlich und sollten unversehrt, prall und gleichmäßig gefärbt sein. Feuchte Früchte sind nicht mehr einwandfrei. Auch die Packungsunterseite kontrollieren!

Aufbewahrung und Haltbarkeit Am besten gleich verbrauchen oder maximal einen Tag im Kühlschrank, mit Frischhaltefolie abgedeckt, aufbewahren. Himbeeren eignen sich gut zum Einfrieren.

Küchentipps Per Hand verlesen oder vorsichtig in einem Sieb in eine Schüssel mit Wasser tauchen, gut abtropfen lassen. Himbeeren können frisch und solo, im Müsli oder Obstsalat verspeist, gekocht als Marmelade, Gelee, Saft oder im Kuchen genossen werden.

Nährwert und Inhaltsstoffe Himbeeren sind reich an Eisen, Mangan und Magnesium und liefern Vitamin C, E und K. 100 Gramm Himbeeren enthalten 33 kcal.

Stachelbeeren

Stachelbeeren sind je nach Sorte oval bis kugelig, weißlich-grün, gelb oder rot, die Schale glatt oder behaart, der Geschmack sauer bis süß. Unreif geerntet eignen sie sich gut zum Kochen und Backen, weil die Schale nicht so leicht aufplatzt. Reife Stachelbeeren mit dünner und durchscheinender Haut schmecken auch roh.

Saison

Juni, Juli.
Quelle: Agrarmarkt Austria (AMA)

Einkauf

Die Früchte sollten gleichmäßig groß und prall, die Stiel-, Blütenansätze und Härchen nicht schlaff sein.

Aufbewahrung und Haltbarkeit

Zum Kochen gedachte, festere Beeren halten bis zu drei Wochen im Kühlschrank. Vollreife Beeren binnen einiger Tage verbrauchen oder einfrieren.

Küchentipps

Vor der weiteren Verarbeitung waschen, Kelchblätter und Stiele entfernen. Stachelbeeren schmecken als Kompott, Kuchenbelag, Marmelade, Gelee oder im Chutney. Unreife Stachelbeeren gelieren aufgrund ihres hohen Pektingehalts besonders gut.

Nährwert und Inhaltsstoffe

Stachelbeeren enthalten reichlich Vitamin C. 100 Gramm Beeren liefern 37 kcal.

Birnen

Birnen sind nach Äpfeln und Bananen unser drittliebstes Obst. Ihre Form kann je nach Sorte eher rund oder länglich, schmal, gerade oder auch gebogen, die Schale gelb, grün oder braun sein, manche Sorten haben auch rote Backen. Ihr Fruchtfleisch ist knackig bis hin zu saftig schmelzend. Heute gibt es Schätzungen zufolge bis zu 5.000 Birnensorten, von denen allerdings nur ein geringer Teil kommerziell genutzt wird. Aus sauer-herben Mostbirnen wird Most und Schnaps erzeugt. Einige wenige Sorten kommen als Tafelobst auf den Markt. Bei uns beliebte Sorten sind beispielsweise Conference (hellgelb bis rostfarben, Fruchtfleisch sehr saftig und schmelzend, schmeckt süß-säuerlich und zart nach Melone), Gute Luise (gelb-grün mit roten Backen; saftig schmelzendes, süß-säuerliches Fruchtfleisch), Kaiser Alexander (zimtfarben, feinkörniges Fruchtfleisch, süß, sehr saftig) und Williams Christbirne (grünlich bis goldgelb, sonnenseitig manchmal leicht gerötet; saftig, sehr würzig, zart schmelzendes Fruchtfleisch).

Saison Juli bis Ende Oktober. Als Lagerobst gibt es Birnen aus österreichischer Produktion üblicherweise von November bis einschließlich Februar. Quelle: Umweltberatung

Einkauf Die Farbe der Birnen ist sortenabhängig und daher in der Regel kein Hinweis auf den Reifegrad. Birnen sollten beim Einkauf nicht ganz hart, aber auch nicht zu weich sein, angenehm riechen, keine Druckstellen haben, die Schale unversehrt sein. Vollreife Birnen sind sehr druckempfindlich. Sie gehören daher zuoberst in den Einkaufskorb.

Aufbewahrung und Haltbarkeit

Birnen reifen nach dem Pflücken nach. Noch nicht ganz reife Birnen halten bei Zimmertemperatur zwei bis drei Tage, im Kühlschrank (Gemüsefach) fünf bis sechs Tage. Sollen sie schneller nachreifen: mehrere Birnen gemeinsam oder gemeinsam mit einem Apfel in einem Papiersackerl lagern. Das Gas Ethylen, das Äpfel und Birnen ausscheiden, lässt die Früchte schneller reifen. Vollreife Birnen halten aufgrund ihres hohen Saftgehalts nicht lange und sollten am besten gleich gegessen werden.
Achtung: Birnen nehmen leicht Fremdgerüche an. Daher nicht gemeinsam mit stark riechenden Lebensmitteln lagern.
In Spalten geschnittene Birnen können lose auf ein Blech gelegt eingefroren werden.

Küchentipps

Das Fruchtfleisch färbt sich nach dem Aufschneiden rasch braun. Wird es mit Zitronensaft beträufelt, bleibt es hell. Birnen, die nicht frisch gegessen werden, eignen sich zum Zubereiten von Mehlspeisen ebenso wie für Kombination mit salzig-pikantem (z.B. Käse) und können natürlich auch zu Kompott, Mus, Marmelade, Saft, Gelee, Chutney … verarbeitet werden. Getrocknete Birnen (Kletzen) werden bei uns gerne für Weihnachtsgebäck verwendet.

Nährwert und Inhaltsstoffe

Birnen haben wenig Fruchtsäure. Sie liefern insgesamt viele Vitamine und Mineralstoffe, erreichen aber bei einzelnen Vitaminen und Mineralstoffen keine überdurchschnittlich hohen Werte. Birnen sind ballaststoffreich und wirken aufgrund ihres hohen Pektingehalts verdauungsfördernd. Die in Birnen enthaltenen Steinzellen können bei empfindlichen Personen Blähungen verursachen. In 100 Gramm Birne sind durchschnittlich 55 kcal enthalten. Birnen eignen sich ebenso wie Äpfel oder auch Bananen sehr gut als Zwischenmahlzeit.

Zahlen und Fakten

Pro-Kopf-Verbrauch: 7,2 kg
Selbstversorgungsgrad: 80 Prozent
Der Löwenanteil von in Erwerbsobstanlagen geernteten Birnen stammt aus den Bundesländern Steiermark, Niederösterreich und Burgenland.
Wichtige Birnen-Importländer sind vor allem Italien, Südafrika, Argentinien, Deutschland und Spanien.
Quelle: Statistik Austria

Erdbeeren

Trotz ihres Namens zählen Erdbeeren botanisch nicht zu den Beeren. Die eigentlichen Früchte der Erdbeeren sind Nüsschen, die kleinen, braunen Samen an der Außenhaut. Was wir als saftige Frucht essen, ist die fleischig ausgewachsene Blütenachse der Erdbeerpflanze. Die großen Garten- oder Ananas-Erdbeeren, die heute bei uns die Regale füllen, leiten sich im Wesentlichen von Kreuzungen zweier amerikanischer Wildsorten ab, der Scharlacherdbeere und der Chileerdbeere. Je nach Reifezeit ist zwischen frühen, mittelfrühen, mittelspäten und späten Sorten zu unterscheiden, zudem gibt es solchen, die einmal pro Jahr und solche, die mehrmals pro Jahr tragen (remontierende Sorten). Alles in allem gibt es heute über tausend verschiedene Kulturerdbeersorten. Jahr für Jahr kommen einige neue hinzu, andere verschwinden wiederum. Die gängigsten Sorten haben orange- bis dunkelrote, rundlich, oval oder spitz geformte Früchte. Früher weit verbreitete Sorten, wie beispielsweise „Mieze Schindler" oder „Madame Moutot", sind mittlerweile kaum mehr erhältlich. Nur mehr vereinzelt werden sie so wie auch andere Raritäten (z.B. die „weiße Ananas", die eigentlich blassrosa ist) wieder auf Märkten angeboten.

Saison Erdbeeren haben bei uns von Mitte Mai bis Mitte Juli Saison.
Quelle: Agrarmarkt Austria (AMA)

Einkauf Erdbeeren reifen nicht nach. Finger weg daher von Früchten mit weißen Spitzen. Doch selbst rundum rote Früchte können noch unreif gepflückt worden sein und daher ihr Aroma noch nicht entfaltet haben. Andererseits gibt es auch Sortenraritäten mit blasser Farbe. Beim Erdbeerkauf gehen Sie daher am besten der Nase nach. Reife Früchte duften intensiv.

Darüber hinaus sollten Erdbeeren natürlich unversehrt sein und keine Druckstellen haben. Grüne Kelchblätter sind ein Hinweis auf Frische. Werfen Sie bei in Schalen angebotenen Erdbeeren einen Blick auf die Unterseite der Packung und kontrollieren Sie, ob die unten liegenden Früchte ebenfalls einwandfrei sind. Erdbeeren sind sehr druckempfindlich und müssen daher vorsichtig nach Hause transportiert werden.

Aufbewahrung und Haltbarkeit

Erdbeeren sind sehr empfindlich und nicht lange haltbar. Da sie schnell an Aroma verlieren, sollten sie möglichst frisch gegessen werden. Ungewaschen können Erdbeeren ein bis zwei Tage im Kühlschrank (Gemüsefach) gelagert werden, am besten in einen flachen, verschließbaren Behälter. Beschädigte Früchte sind sehr anfällig für Schimmel und müssen daher aussortiert werden. Erdbeeren können im Ganzen, püriert oder zerdrückt tiefgefroren werden. Zum Einfrieren im Ganzen legen Sie die gewaschenen und geputzten Früchte auf ein Blech, damit sie nicht aneinander klumpen, und geben Sie sie erst danach gemeinsam in ein Gefäß oder einen Gefrierbeutel. Im Ganzen tiefgefrorene Erdbeeren können allerdings beim Auftauen Konsistenzeinbußen erleiden und sind daher eher zum Weiterverarbeiten geeignet.

Küchentipps

Erdbeeren zum Reinigen kurz abbrausen und erst danach Stiel und Kelchblätter entfernen, damit die Früchte beim Waschen nicht auslaugen. Erdbeeren schmecken am besten frisch, mit Jogurt, Schlagobers oder Eis, im Obstsalat und in der Bowle, aber auch als Tortenbelag und in Kuchen, als Marmelade, Sirup ...

Nährwert und Inhaltsstoffe

100 Gramm Erdbeeren liefern durchschnittlich 32 kcal. Die roten Früchtchen enthalten zudem reichlich Vitamin C, Folsäure und Eisen.

Zahlen und Fakten

Pro-Kopf-Verbrauch: 4,1 kg
Selbstversorgungsgrad: 49 Prozent
Der Großteil der bei uns in Erwerbsobstanlagen geernteten Erdbeeren stammt aus den Bundesländern Niederösterreich, Oberösterreich und Steiermark. Zuletzt wurden frische Erdbeeren vor allem aus Spanien, Italien, Deutschland und Marokko importiert.
Quelle: Statistik Austria

Grapefruits

Grapefruits sind eine Kreuzung zwischen Orange und Pampelmuse (eine große, birnenförmige Zitrusfrucht), die sich auf den Westindischen Inseln per Zufall gebildet haben soll. Die runden Früchte mit der glatten, gelblichen bis leicht rötlichen Schale können einen Durchmesser von zwanzig Zentimetern erreichen. Ihr Fruchtfleisch hat keine oder wenige Kerne und ist je nach Sorte gelb, rosa oder rot. Gelbfleischige Früchte schmecken herb-säuerlich, rosa- und rotfleischige sind milder und süßer. Sweeties sind mit Grapefruit und Pampelmuse verwandt: Sweeties sind oval, haben eine dicke gelbgrüne Schale und ein tiefgelbes, süßes Fruchtfleisch. Sie werden in Israel angebaut.

Saison
Grapefruits sind bei uns ganzjährig erhältlich.

Einkauf
Die Schale reifer Grapefruits ist prall und fest, die Frucht gibt auf leichten Druck nach. Stellenweise grüne Schalen sind klimatisch bedingt und kein Hinweis auf mangelnde Reife. Achten Sie auf die Kennzeichnung: Wenn die Schale mit Konservierungsstoffen behandelt und gewachst wurde, muss das angegeben sein. Diese Schalen sollten nicht gegessen werden.

Aufbewahrung und Haltbarkeit
Grapefruits halten bei Zimmertemperatur bis zu zwei Wochen. Sie reifen nicht nach, doch gelbfleischige Sorten werden durch Lagerung milder und aromatischer.

Küchentipps
Zum Frischverspeisen werden Grapefruits am besten quer durchgeschnitten und das Fruchtfleisch herausgelöffelt. Grapefruits schmecken zudem als Saft und als Zutat für Obst- und pikante Salate.

Nährwert und Inhaltsstoffe
100 Gramm Grapefruit enthalten durchschnittlich 38 kcal und liefern reichlich Vitamin C.

Zahlen und Fakten
Pro-Kopf-Verbrauch: 0,5 kg
Wichtige Importländer sind u.a. Spanien, Israel, Südafrika und Zypern.
Quelle: Statistik Austria

Kirschen und Weichseln

Was bei uns meist schlicht und einfach als Kirsche bezeichnet wird, heißt genau genommen Süßkirsche, was wir Weichsel nennen, zählt zur Gruppe der Sauerkirschen. Ab Ende Mai, Anfang Juni sind die ersten Sorten reif. Damit sie ihr volles Aroma entfalten können, dürfen die Früchte nicht zu früh gepflückt werden, denn Kirschen und Weichseln reifen nicht nach. Und auch das Wetter muss mitspielen: Regen bringt reife Kirschen zum Platzen und verdünnt ihr Aroma. Süßkirschen sind je nach Sorte gelb, rot oder schwarzrot. Herzkirschen haben ein weiches, sehr saftiges und süßes Fruchtfleisch, die säurereicheren Knorpelkirschen ein festeres Fruchtfleisch. Sauerkirschen sind hell- bis dunkelrot und haben ein weiches, sehr saftiges Fruchtfleisch. Sie haben einen höheren Fruchtsäuregehalt als Süßkirschen und schmecken säuerlich-herb. Bekannte Sorten sind z.B. Amarellen oder Weichselkirschen. Darüber hinaus gibt es noch Kreuzungen aus Süß- und Sauerkirschen (Süßweichseln, Glaskirschen).

Saison

Kirschen haben im Juni und Juli Saison, Weichseln reifen etwas später. Quelle: Umweltberatung

Einkauf

Es gibt zwar einige helle Kirschensorten, doch die meisten sind rot. Bei diesen gilt: je intensiver die Färbung, desto aromatischer die Früchte. Frische Kirschen und Weichseln haben einen geraden, grünen und geschmeidigen Stiel. Die Früchte sollten zudem trocken, sauber und prall, die Haut nicht rissig sein. Unreife Früchte sind meistens klein, hart und blass. Braune Flecken und schrumpelige Haut weisen deutlich darauf hin, dass die Früchte nicht mehr frisch sind. Kirschen und insbesondere Weichseln sind sehr druckempfindlich. Vorsichtig transportieren!

Aufbewahrung und Haltbarkeit

Sowohl Süß- als auch Sauerkirschen verderben relativ rasch und sollten daher bald verbraucht werden. Auf einen Teller oder ein Tablett gelegt, halten sie im Kühlschrank zwei bis drei Tage. Da sie rasch Fremdgerüche annehmen, sollten sie nicht in der Nähe stark riechender Lebensmittel aufbewahrt werden. Kirschen und Weichseln erst unmittelbar vor dem Verarbeiten (oder Verspeisen) waschen und danach entstielen, damit die Früchte nicht von ihrem Saft verlieren und sich auch nicht mit Wasser voll saugen. Kirschen und Weichseln können mit oder auch ohne Stein eingefroren werden. Sie verlieren weniger Saft, wenn sie vor dem Entsteinen kurz ins Gefrierfach gelegt werden. Zum Entsteinen gibt es im Fachhandel übrigens spezielle Geräte (Kirschenentsteiner). Die Früchte zuerst auf einem Tablett lose einfrieren und danach in ein Gefäß oder einen Gefrierbeutel umfüllen, damit sie nicht aneinanderkleben.

Küchentipps

Frische Kirschen sind ein Hochgenuss, Kenner wissen aber auch den säuerlichen Geschmack frischer Weichseln zu schätzen. Sowohl aus Kirschen als auch aus Weichseln lassen sich Marmeladen, Gelees und Kompotte zubereiten sowie Säfte machen. Kirschen und Weichseln eignen sich zudem als Tortenbelag und Fülle für Strudel. Gedünstet schmecken vor allem Weichseln auch sehr gut zu Fleischgerichten.

Nährwert und Inhaltsstoffe

Im Nährwert unterscheiden sich Kirschen und Weichseln nicht allzu sehr voneinander. In Sauerkirschen stecken mehr B-Vitamine und Vitamin C als in Kirschen. Etwas Kalium und Eisen liefern beide. In 100 Gramm Kirschen sind durchschnittlich 63 kcal, in 100 Gramm Weichseln 53 kcal enthalten.

Zahlen und Fakten

Pro-Kopf-Verbrauch: 3,1 kg
Selbstversorgungsgrad: 88 Prozent
Der Großteil der bei uns in Erwerbsobstanlagen geernteten Kirschen und Weichseln stammt aus der Steiermark, Niederösterreich und dem Burgenland. Zu den wichtigsten Importländern für frische Kirschen und Weichseln zählen Ungarn, Serbien, Italien und Spanien.
Quelle: Statistik Austria

Kiwis

Kiwis sind zwar nach einem neuseeländischen Laufvogel benannt, doch ursprünglich stammen die ovalen Früchte mit der ledrigen, braunen, behaarten Haut und dem grünen, süß-säuerlichem Fruchtfleisch aus China. Bei uns angebotene Kiwis sind großteils aus Italien und Neuseeland, die zu den bedeutendsten Produzentenländern zählen, importiert. Grünfleischige Kiwis haben schwarze Kerne und erinnern geschmacklich am ehesten an Stachelbeeren (früher wurden sie auch als chinesische Stachelbeere bezeichnet) und Erdbeeren. Seit etwa zwei Jahrzehnten gibt es auch gelbfleischige Kiwis. Sie wurden in Neuseeland gezüchtet, haben eine hellbraune, unbehaarte Schale, gelbes Fruchtfleisch und rote Kerne. Gelbe Kiwis sind süßer als grüne und schmecken ein bisschen nach Mango, Pfirsich und Honig.

Saison

Kiwis werden bei uns das ganze Jahr über angeboten.

Einkauf

Reife Kiwis geben auf Fingerdruck leicht nach.

Aufbewahrung und Haltbarkeit

Kiwis halten im Gemüsefach des Kühlschranks gut und gerne zwei Wochen. Harte Früchte reifen bei Raumtemperatur problemlos nach. Der Reifungsvorgang kann beschleunigt werden, wenn die Kiwis neben einem Apfel gelagert werden.

Küchentipps

Grüne Kiwis sind vor dem Verspeisen zu schälen oder aus der Schale zu löffeln. Bei gelben Kiwis ist die Schale genießbar. Kiwis schmecken roh, als Zutat von Obstsalat, gemeinsam mit Käse, Rohschinken oder Fleisch, als Marmelade, als Kuchenbelag …
Achtung: Grünfleischige Kiwis enthalten das Enzym Actinidin. Dieses verhindert, dass Gelatine fest wird, und lässt Milchprodukte bitter schmecken. Für ein Dessert auf Jogurtbasis sind grüne Kiwis zuerst zu blanchieren. Gelbe Kiwis vertragen sich auch roh mit Milchprodukten.

Nährwert und Inhaltsstoffe

Kiwis liefern mehr Vitamin C als Orangen oder Zitronen, sind reich an Vitamin K, Kalium und Magnesium. 100 g Kiwi enthalten 50 kcal.

Mandarinen

Mandarinen gibt es einerseits als „eigenständige" Zitrusfrucht (echte Mandarine). Andererseits werden oft alle kleineren, leicht abgeplatteten, gut schälbaren, süßen Zitrusfrüchte mit helloranger bis rötlichoranger Schale als Mandarinen bezeichnet, obwohl es sich genau genommen um Clementinen, Satsumas, Tangerinen, Minneolas oder eine der zahlreichen weiteren Arten, ihrer diversen Sorten oder Kreuzungen handelt. Die echte Mandarine stammt wahrscheinlich aus dem südlichen China. Sie soll als ganz besondere Zitrusfrucht gegolten haben und dem Kaiser und den hohen Beamten vorbehalten gewesen sein. Heute wird die Mandarine nahezu weltweit in warmen Regionen angebaut. Mandarinen haben eine hellorange Schale und ein aromatisches, süßes Fruchtfleisch, allerdings auch viele Kerne. Heute haben ihr kernlose beziehungsweise kernarme Arten weitgehend den Rang abgelaufen. So etwa die Clementinen, eine Kreuzung aus Mandarinen und Pomeranzen (Bitterorangen) mit glatter, tieforanger Schale. Clementinen werden manchmal wieder mit Stiel und Blättern angeboten, schmecken süßaromatisch und sind kernarm beziehungsweise überhaupt kernlos. Oder die Satsumas: Sie stammen aus Japan und sind mandarinenartige Früchte mit dünner, ledriger Schale, zartem, saftigem Fruchtfleisch und ebenfalls kernarm. Die kleinste Mandarinenart ist die Tangerine. Sie ist dünnschalig, ebenfalls kernarm beziehungsweise kernlos und hat süßes, saftiges Fruchtfleisch. Minneolas, um ein letztes Beispiel für diese Gruppe Zitrusfrüchte zu nennen, sind eine Kreuzung aus Tangerine und Grapefruit, saftig, sehr aromatisch und kernarm. Ihre Schale hat einen höckerartigen Wulst am Stielende.

Saison

Mandarinen & Co sind bei uns hauptsächlich im Winter erhältlich.

Einkauf

Die Früchte sollten beim Kauf unbeschädigt und fest sein. Liegen sie schwer in der Hand, sind sie in der Regel auch saftig. Mandarinen, die zu lange gelagert wurden, entwickeln zwischen Schale und

Fruchtfleisch einen Hohlraum. Früchte mit fühlbar gelockerter Schale daher besser im Regal liegen lassen. Die Farbe der Schale sagt aber nicht unbedingt etwas über die Reife der Frucht aus: Grüne Stellen sind auf die klimatischen Bedingungen im Anbaugebiet zurückzuführen (zu geringe Temperaturunterschiede zwischen Tag und Nacht vor der Ernte). Früchte mit teilweise grüner Schale können ebenfalls reif und saftig sein. Kontrollieren Sie in Steigen oder Netzen angebotene Früchte auf faulige Stellen und Schimmel.

Aufbewahrung und Haltbarkeit

Mandarinen reifen nicht nach. Bei Zimmertemperatur halten sie zwei bis drei Tage, danach trocknen sie aus. Früchte mit dickerer Schale sind länger haltbar.

Küchentipps

Mandarinen werden meistens frisch gegessen. Sie eignen sich aber auch für Obstsalate, Desserts, als Kuchenbelag und als Zutat für pikante Salate oder Fleischgerichte. Damit Zitrusfrüchte länger halten, werden sie nach der Ernte oft mit Konservierungsmitteln und Wachsen behandelt. Die Schalen dieser Früchte sollten nicht gegessen werden. Vor dem Schälen sollten die Früchte gewaschen und die Schale mit Küchenpapier trockengerieben werden. Wenn Sie Saft pressen oder Getränke mit Mandarinenscheiben zubereiten oder verzieren wollen, verwenden Sie Früchte aus biologischem Anbau. Diese werden ohne chemisch-synthetische Spritzmittel produziert und auch nach der Ernte nicht mit Konservierungsmitteln behandelt und gewachst.

Nährwert und Inhaltsstoffe

100 Gramm Mandarinen liefern durchschnittlich 46 kcal. Sie sind gute Vitamin-C-Lieferanten.

Zahlen und Fakten

Pro-Kopf-Verbrauch: 4 kg
Zuletzt wurden Mandarinen, Clementinen & Co insbesondere aus Spanien, der Türkei und Italien importiert.
Quelle: Statistik Austria

Mangos

Mangos sind ovale bis nierenförmige Baumfrüchte mit je nach Sorte grüner, gelblicher oder auch oranger bis roter glatter Schale. Ihr saftiges, leicht faseriges Fruchtfleisch ist gelb bis orange, schmeckt süß und lässt sich nur schwer vom Stein lösen. Ursprünglich stammen Mangos aus Südostasien, werden heute aber auf den meisten Kontinenten kultiviert (neben Asien Nord-, Mittel- und Südamerika, Afrika, Australien, in Europa hauptsächlich in Spanien). Der bedeutendste Produzent ist Indien. Nach Österreich wurden Mangos laut Statistik Austria zuletzt vor allem aus Brasilien und Peru importiert.

Saison

Mangos sind bei uns ganzjährig erhältlich.

Einkauf

Von der Farbe der Schale lässt sich bei Mangos auf die Sorte rückschließen, nicht aber auf den Reifegrad der Frucht. Reife Früchte geben auf leichten Fingerdruck nach und duften angenehm.

Aufbewahrung und Haltbarkeit

Mangos zählen zu den nachreifenden Früchten. Binnen einiger Tage werden sie bei Zimmertemperatur weich. Reife Früchte am besten gleich verspeisen. Mangos sind kälteempfindlich und sollten daher nicht im Kühlschrank gelagert werden. Da sie Ethylen produzieren, getrennt von anderem Obst und Gemüse aufbewahren.

Küchentipps

Mangos schmecken in Stücke geschnitten solo ebenso wie im Obstsalat oder Müsli, püriert oder gekocht als Chutney. Die Frucht am besten auf einem Schneidbrett der Länge nach und möglichst eng am Stein in große Spalten schneiden, mit dem Messer schälen, Fruchtfleisch in Stücke schneiden. Fest am Stein haftendes Fruchtfleisch mit dem Messer lösen.

Nährwert und Inhaltsstoffe

Mangos enthalten je 100 Gramm essbarem Anteil durchschnittlich 57 kcal und liefern reichlich Provitamin A und Vitamin C.

Marillen

Marillen sind je nach Sorte kugelig bis oval und haben eine samtartige, glatte oder raue, gelbe bis orange Haut. Die der Sonne zugeneigte Seite ist oft rötlich. Ihr Fruchtfleisch ist saftig und schmeckt fein säuerlich. Besonders bekannt sind die von der EU als geschützte Ursprungsbezeichnung (gU) registrierten Wachauer Marillen. Nur Marillen aus dieser Region, die nach vorgegebenen Kriterien produziert werden, dürfen diese Bezeichnung tragen.

Saison

Marillen haben bei uns im Juli und August Saison.
Quelle: Umweltberatung

Einkauf

Manche Marillensorten haben eine hellere, andere eine dünklere Haut. Die Farbe gibt daher keinen Hinweis auf die Reife. Reife Früchte riechen süßlich, ihr Fruchtfleisch gibt auf leichten Druck nach und der Stein lässt sich leicht lösen. Reif gekaufte Marillen sind eindeutig die beste Wahl. Harte Marillen reifen zwar bei Zimmertemperatur noch etwas nach, doch unreif geerntete Früchte schmecken auch nachgereift häufig mehlig und fad.

Aufbewahrung und Haltbarkeit

Reife Marillen verlieren rasch an Aroma und sollten daher bald nach dem Einkauf gegessen werden. Auch im Kühlschrank (Gemüsefach) nur kurz aufbewahren. Marillen können püriert als Mus oder auch halbiert und lose auf ein Backblech gelegt eingefroren werden. Erst danach in Gefrierbeutel oder Behälter umfüllen.

Küchentipps

Marillen schmecken roh, als Zutat von Mehlspeisen (Knödel, Aufläufe, Kuchen), als Kompott, Marmelade, Chutney ... Das Fruchtfleisch verfärbt sich rasch braun, daher gleich nach dem Aufschneiden mit Zitrone beträufeln.

Nährwert und Inhaltsstoffe

Marillen liefern reichlich Provitamin A (ß-Carotin) und die Mineralstoffe Kalium und Mangan. In 100 Gramm Marillen stecken 43 kcal.

Zahlen und Fakten

Pro-Kopf-Verbrauch: 3,1 kg
Selbstversorgungsgrad: 54 Prozent
Der bei weitem größte Anteil der bei uns in Erwerbsobstanlagen geernteten Marillen stammt aus Niederösterreich. Nennenswerte Mengen werden sonst nur noch im Burgenland und der Steiermark geerntet.
Frische Marillen wurden zuletzt vor allem aus Ungarn, Italien, Spanien und Griechenland importiert.
Quelle: Statistik Austria

Melonen

Melonen sind Kürbisgewächse und an sich Gemüse, werden aber so wie Obst verwendet. Wassermelonen stammen ursprünglich aus dem südlichen Afrika und sind rund bis oval, haben eine glatte, hell- bis dunkelgrüne Schale, mitunter mit hellen oder marmorierten Streifen. Das Fruchtfleisch ist extrem saftig, meistens rosa bis rot und mit zahlreichen essbaren Kernen durchsetzt. Es gibt aber auch Sorten mit andersfarbigem (z.B. gelbem) Fruchtfleisch und kernlose Züchtungen. Bis zu zwanzig Kilo können die imposanten Früchte auf die Waage bringen. Wassermelonen der gängigen Sorte „Sugar Baby" sind kleiner (bis um vier bis fünf Kilo), haben eine gleichmäßig gefärbte dunkelgrüne Schale und ein kräftig rotes, sehr süßes Fruchtfleisch. Zuckermelonen (sie stammen wahrscheinlich aus dem westlichen Afrika) werden bis zu vier Kilo schwer und haben je nach Sorte eine gelbe, hell- bis dunkelgrüne, glatte, genetzte oder warzige, stärker oder schwächer gerippte Schale. Ihr süßes und aromatisches Fruchtfleisch ist hellgrün bis orangerot, die Kerne sind vor allem in der Mitte konzentriert und sind vor dem Verspeisen der Frucht zu entfernen. Zu den bekanntesten Sorten zählen Honigmelonen (gelbe Schale, grünliches, süßes Fruchtfleisch), Netzmelonen (genetzte Schale, grünlich bis orangefarbenes, aromatisches Fruchtfleisch) und Cantaloupemelonen (gerippte, manchmal warzige Schale, gelborganges, süßes, würziges Fruchtfleisch).

Saison

Melonen sind bei uns ganzjährig erhältlich.

Einkauf

Reife Wassermelonen klingen dumpf, wenn man mit den Knöcheln auf die Schale klopft. Reife Zuckermelonen duften süßlich, und ihr Stielende gibt auf leichten Fingerdruck etwas nach. Die Schale sollte auf jeden Fall unversehrt und frei von Druckstellen sein. Achten Sie bei spaltenweise verkauften Wassermelonen auf die Farbe von Fruchtfleisch und Kernen. Stücke, deren Fruchtfleisch wenig Farbe hat oder deren Kerne noch weiß sind, besser im Regal liegen lassen: Sie sind unreif.

Aufbewahrung und Haltbarkeit

Melonen reifen bei Zimmertemperatur zwar in gewissem Grad nach, entwickeln dabei aber nicht ihr volles Aroma. Reife Melonen sind leicht verderblich und sollten daher kühl gelagert beziehungsweise bald verzehrt werden. Vorsicht: Im Kühlschrank büßen Melonen rasch ihren Geschmack ein und können zudem das Aroma anderer Lebensmittel aufnehmen. Vor dem Aufbewahren Schnittflächen daher mit Folie abdecken.

Küchentipps

Wassermelonen sind hervorragende Durstlöscher. Sowohl Wasser- als auch Zuckermelonen schmecken roh und auch als Zutat für Obstsalat oder Bowle. Vor allem Zuckermelonen sind zudem eine gute Ergänzung zu fein aufgeschnittenem, luftgetrocknetem Schinken oder zu Käse. Melonen eignen sich weiters für die Herstellung von Mus, Sorbet oder Speiseeis.

Nährwert und Inhaltsstoffe

Wassermelonen (genauer: ihre essbaren Anteile) bestehen zu rund 90 Prozent, Zucker- bzw. Honigmelonen zu rund 86 Prozent aus Wasser. Dementsprechend gering ist vor allem bei Wassermelonen der Kaloriengehalt: In 100 Gramm Wassermelone sind durchschnittlich 37 kcal, in 100 Gramm Zucker- bzw. Honigmelone 54 kcal enthalten. Honigmelonen liefern zudem reichlich Provitamin A, Vitamin C und Kalium.

Zahlen und Fakten

Pro-Kopf-Verbrauch: 3,4 kg
Selbstversorgungsgrad: 2 Prozent
Melonen werden bei uns vor allem im Burgenland, der Steiermark und Oberösterreich kultiviert.
Wichtige Importländer für Wassermelonen sind u.a. Spanien, Ungarn, Italien und die Türkei, für Zuckermelonen Italien, Spanien und Brasilien.
Quelle: Statistik Austria

Orangen

Orangen sind die bei weitem bedeutendsten Zitrusfrüchte. Die vor allem in Deutschland gebräuchliche Bezeichnung Apfelsine (Apfel aus China) erinnert an ihre ursprüngliche Heimat, an Südchina. Heute werden Orangen weltweit in den wärmeren Klimazonen angebaut. Brasilien, die USA und Mexiko sind die größten Produzenten. Es gibt Hunderte Orangensorten. Sie unterscheiden sich unter anderem in Größe, Form, Farbe, Geschmack, der Dicke ihrer Schale und ihrem Kerngehalt voneinander. Die bedeutendsten Sorten sind Blond-, Halbblut- und Blutorangen. Zu den Blondorangen zählen beispielsweise Navel-, Valencia- und Shamouti-Orangen. Navel-Orangen sind groß und rund, und haben eine dicke, intensiv orange Schale, die sich leicht vom Fruchtfleisch lösen lässt. Ihr Fruchtfleisch ist ebenfalls kräftig orange, saftig und aromatisch. Navel-Orangen sind kernlos und haben eine kleine Zweitfrucht am Ende der Hauptfrucht. Valencia-Orangen haben runde bis ovale Früchte, eine glatte, dünne Schale, saftiges Fruchtfleisch und wenige oder keine Kerne. Shamouti haben eine dicke, leicht zu lösende Schale, sind kernlos und haben ein saftiges, zartsüßes Fruchtfleisch. Halbblutorangen haben eine gelbe bis rötliche Schale und rötliches Fruchtfleisch. Bekannte Sorten sind Moro oder Tarocco. Blutorangen wiederum haben meistens eine tiefrote Schale, ein kräftig rotes Fruchtfleisch und ein herbes Aroma. Bekannte Sorten sind beispielsweise Sanguinello und Tomango.

Bei uns angebotene Orangen mit grünlich gefärbten Stellen an den Schalen sind in der Regel reif. Die typische orange oder rötliche Färbung erhält die Schale von Natur aus nur bei größeren Tag-Nacht-Temperaturunterschieden vor der Ernte. Dann wird das Chlorophyll in der Schale, das den orange-rötlichen Farbton überdeckt, abgebaut. Da Konsumenten Orangen mit grüner Schale nicht gerne kaufen, werden sie oft im Lager durch Temperaturwechsel und Ethylen „künstlich" entgrünt. Die künstliche Entgrünung geht allerdings zu Lasten von Haltbarkeit und Aroma.

Saison Orangen sind bei uns ganzjährig erhältlich.

Einkauf Im Netz angebotene Orangen Stück für Stück prüfen, ob sie einwandfrei (unbeschädigt, nicht faulig oder schimmlig) sind. Dünnschalige Früchte sind oft saftiger als solche mit großporiger, dicker Schale. Die Schale sollte zudem weder zu trocken noch fleckig sein. Grünliche Schalen sind kein Zeichen für unreife Früchte.

Aufbewahrung und Haltbarkeit Orangen reifen nicht nach. Bei Zimmertemperatur halten sie rund eine Woche. Sie sind kälteempfindlich und gehören nicht in den Kühlschrank.

Küchentipps Orangen schmecken roh, als frisch gepresster Saft, in Obstsalaten, im Müsli, als Marmelade, im Punsch, aber auch zu Fleischgerichten oder in Salaten. Orangen, die vor dem Auspressen mit der flachen Hand über eine glatte Unterlage gerollt werden, geben mehr Saft. Damit sie länger halten, werden Orangen nach der Ernte üblicherweise mit Konservierungsmitteln behandelt und – damit sie nicht austrocknen – gewachst. Diese Behandlungen müssen deklariert sein. Schalen oberflächenbehandelter Früchte sollten nicht gegessen werden. Es ist zudem ratsam, Orangen vor dem Schälen zu waschen und die Schale trocken zu reiben. Auslobungen, wie „nicht behandelt" oder „keine Oberflächenbehandlung" geben lediglich an, dass die Früchte nach der Ernte nicht behandelt wurden. Während der Wachstumsperiode können aber sehr wohl Pestizide eingesetzt worden sein. Wer das nicht will, greift zu Bio-Ware. Bio-Orangen werden ohne chemisch-synthetische Pflanzenschutzmittel produziert und sind nicht oberflächenbehandelt. Früchte mit unbehandelter Schale trocknen allerdings schneller aus und werden runzelig.

Nährwert und Inhaltsstoffe In 100 Gramm Orangen stecken durchschnittlich 42 kcal. Orangen liefern reichlich Vitamin C.

Zahlen und Fakten Pro-Kopf-Verbrauch: 5 kg
Orangen wurden zuletzt vor allem aus Spanien, Italien, Südafrika und Griechenland importiert.
Quelle: Statistik Austria

Pfirsiche und Nektarinen

In ihrem Herkunftsland China, wo sie schon seit Jahrtausenden angebaut werden, gelten Pfirsiche als Symbol für Unsterblichkeit.
Von China gelangten die delikaten Früchte über Persien in den östlichen Mittelmeerraum und durch die Römer schließlich weiter nach Mitteleuropa. Pfirsiche brauchen viel Sonne und Wärme und werden daher bei uns bevorzugt in Weinbaugebieten gezogen. Ihre Sortenvielfalt ist enorm: Die gelbroten Früchte können rundlich oder auch eher flach sein, ein weißliches, gelbes oder rotes Fruchtfleisch haben, ihr Stein leicht oder schwer vom Fruchtfleisch heraus lösbar sein. Es gibt Sorten mit flaumig-behaarter und solche mit glatter Haut. Früchte mit glatter Haut werden als Nektarinen bezeichnet. In Weingärten werden traditionell die sogenannten Weingartenpfirsiche gezogen. Sie sind eher klein, haben eine grünliche bis rote Haut, und ein weißliches, intensiv aromatisches Fruchtfleisch.
Reife Pfirsiche sind sehr empfindlich. Früchte, die zum Export in andere Länder bestimmt sind, werden unreif geerntet, damit sie den Transport unbeschadet überstehen. Pfirsiche reifen zwar nach, doch ihr volles Aroma erreichen sie dabei in der Regel nicht.

Saison

Pfirsiche haben von Anfang Juli bis Ende September Saison.
Quelle: Umweltberatung

Einkauf

Die Farbe der Früchte ist sortenabhängig und sagt nichts über die Reife aus. Reife Pfirsiche sind an ihrem intensiven Duft zu erkennen. Das Fruchtfleisch sollte auf leichten Druck nachgeben, die Haut unversehrt sein. Vorsichtig nach Hause transportieren. Reife Früchte beginnen an Druckstellen rasch zu faulen. Früchte mit schrumpeliger Haut haben ihre beste Zeit eindeutig bereits hinter sich. Unreif geerntete, harte Pfirsiche reifen bei Zimmertemperatur bis zu einem gewissen Grad nach.

Aufbewahrung und Haltbarkeit

Die Früchte sind sehr druckempfindlich und können nur kurz gelagert werden. Am besten noch am Einkaufstag verbrauchen. Im Kühlschrank (Gemüsefach) halten sie höchstens zwei Tage. Damit sie ihr Aroma entfalten, sollten Sie die Früchte ungefähr eine halbe Stunde vor dem Verspeisen aus dem Kühlschrank nehmen. Falls Sie Pfirsiche beziehungsweise Nektarinen einfrieren wollen: vorher entkernen, damit das Fruchtfleisch nicht bitter wird. Die Früchte können auch püriert und mit einigen Tropfen Zitronensaft vermischt tiefgefroren werden.

Küchentipps

Früchte nach dem Waschen trockentupfen. Um Pfirsiche oder Nektarinen in Spalten zu teilen, mit einem scharfen Messer längs bis zum Stein einschneiden. Nach dem Aufschneiden mit Zitronensaft beträufeln, damit sich das Fruchtfleisch nicht bräunlich verfärbt. Sollen die Früchte ohne Haut zubereitet werden: Haut kreuzweise einritzen, Früchte kurz in kochendes Wasser tauchen und danach kalt abschrecken. Jetzt lässt sich die Haut abziehen. Pfirsiche und Nektarinen schmecken frisch, im Obstsalat und Müsli, gedünstet als Dessert oder Beilage zu Fleischgerichten, als Kompott, Marmelade oder Chutney, als Kuchenbelag oder im Auflauf ... Püree aus weißen Pfirsichen mit Prosecco aufgegossen ergibt den klassischen italienischen „Bellini".

Nährwert und Inhaltsstoffe

Pfirsiche enthalten viele Vitamine und Mineralstoffe, weisen aber keinen überdurchschnittlichen Gehalt an einzelnen Vitaminen oder Mineralstoffen auf. 100 Gramm Frucht liefern durchschnittlich 42 kcal.

Zahlen und Fakten

Pro-Kopf-Verbrauch: 4,9 kg
Selbstversorgungsgrad: 20 Prozent
Der bei weitem größte Teil der heimischen Pfirsichernte kommt aus steirischen Erwerbsobstanlagen. In nennenswerteren Mengen werden Pfirsiche noch in niederösterreichischen und burgenländischen Erwerbsobstanlagen produziert.
Frische Pfirsiche wurden zuletzt in erster Linie aus Italien und Spanien importiert.
Quelle: Statistik Austria

Quitten

Quitten zählen zum Kernobst und sind eng mit Apfel und Birne verwandt. Je nach Fruchtform ist zwischen Apfel- und Birnenquitten zu unterscheiden. Apfelquitten sind rundlich, haben ein eher trockenes, rötliches Fruchtfleisch und herbes Aroma. Birnenquitten sind länglich, saftiger und haben ein hellrotes Fruchtfleisch. Quitten stammen ursprünglich aus dem Kaukasus und werden heute vor allem in Asien und dem Mittelmeerraum angebaut. Die meisten Sorten (so auch die bei uns wachsenden) sind hart, holzig, herb-sauer und können daher nicht roh gegessen werden. Gekocht schmecken sie hervorragend.

Saison

Quitten haben im Oktober Saison. Quelle: Umweltberatung

Einkauf

Reife Quitten sind leuchtend gelb (wie Zitronen), haben einen feinen Flaum und duften intensiv nach Zitronen und Apfel. Achten Sie beim Kauf darauf, dass die Früchte unversehrt sind und die Schale keine Risse oder Flecken hat. Grüne Quitten sind unreif, reifen aber nach.

Aufbewahrung und Haltbarkeit

Reife Quitten halten im Kühlschrank (Gemüsefach) etwa eine Woche, noch nicht ganz reife Früchte bei kühler Lagerung etwa einen Monat. Bewahren Sie Quitten getrennt von empfindlichen Lebensmitteln auf, damit sich ihr intensiver Geruch und ihr Aroma nicht übertragen.

Küchentipps

Vor der Verarbeitung den pelzigen, ölhaltigen Flaum von der Schale mit einem Küchentuch gründlich abreiben, danach die Früchte waschen. Quitten für die Zubereitung von Marmeladen oder Gelees nicht schälen, da die Schalen reich an Pektin (unterstützt den Geliervorgang) sind. Verfärbungen, die nach dem Schälen und Schneiden entstehen, verschwinden während des Garens. Quitten schmecken als Kompott, Marmelade, Gelee, Mus, vorgegart als Tortenbelag, gedünstet als Beilage zu Wild oder anderen Fleischgerichten, als schnittfest eingedickte Marmelade, in kleinen Stückchen als sogenanntes Quittenbrot ...

Nährwert und Inhaltsstoffe

100 Gramm Quitten enthalten 38 kcal. Quitten haben einen hohen Pektingehalt, aber keinen höheren Gehalt an Vitaminen oder Mineralstoffen.

Rhabarber

An sich ist Rhabarber ja ein Gemüse, doch die säuerlich schmeckenden Stangen werden hauptsächlich für die Zubereitung von Süßspeisen verwendet. Es gibt grünstielige Rhabarbersorten mit grünem Fleisch und hohem Säuregehalt, rotstielige Sorten mit grünlichem Fleisch und herber Säure und rotstielige mit rotem Fleisch und Himbeeraroma. Bei uns wird Rhabarber vor allem in Nieder- und Oberösterreich angebaut.

Saison

Rhabarber hat von April bis Juni Saison. Quelle: Fonds Gesundes Österreich

Einkauf

Frischer Rhabarber hat saftige Schnittstellen und knackige Stangen.

Aufbewahrung und Haltbarkeit

In ein feuchtes Tuch eingeschlagen, hält Rhabarber im Kühlschrank (Gemüsefach) rund drei Tage. Geschält, in Stücke geschnitten, lose eingefroren und danach in ein geeignetes Gefäß verpackt, hält er bis zu einem Jahr. Zubereiteter Rhabarber (z.B. Kompott) eignet sich ebenfalls zum Einfrieren.

Küchentipps

Rhabarber darf nicht roh, und seine Blätter überhaupt nicht gegessen werden (sie sind giftig). Die Stangen waschen, falls nötig abziehen, Stielenden und Blattansatz wegschneiden, die Stangen in Stücke schneiden, kurz blanchieren, das Wasser abgießen. Rhabarber schmeckt gedünstet als Kompott, gebacken als Auflauf, Kuchenbelag oder Strudelfüllung, gemeinsam mit anderen Früchten als Marmelade. Zucker kann sparsamer dosiert werden, wenn er erst gegen Ende der Kochzeit zugegeben wird. Die Eigensäure von Rhabarber lässt sich durch Zitronensaft oder Wein mildern. Zum Rhabarberkochen Edelstahl- oder Emailletöpfe verwenden: Aluminium verfärbt sich und der Rhabarber erhält einen Beigeschmack.

Nährwert und Inhaltsstoffe

Rhabarber liefert Vitamin K, Kalium und Kalzium und enthält zudem reichlich Oxalsäure. Sie bindet das Kalzium aus der Nahrung und kann in höherer Konzentration und bei entsprechender Disposition Nierensteine und eine Kalziumunterversorgung hervorrufen. Grüne Rhabarberstangen enthalten mehr Oxalsäure als rote. Der Gehalt an Oxalsäure kann durch kurzes Blanchieren vor der weiteren Zubereitung reduziert werden. In 100 Gramm Rhabarber stecken lediglich 13 kcal.

Ribiseln

Ursprünglich waren Ribiseln (Johannisbeeren) in Nordosteuropa heimisch, heute werden sie in allen gemäßigten Klimagebieten kultiviert. Bei uns werden Ribiseln vor allem in steirischen und niederösterreichischen Erwerbsobstanlagen gezogen. Nach der Fruchtfarbe ist zwischen roten, weißen (gelben) und schwarzen Ribiseln zu unterscheiden. Doch genau genommen sind weiße Ribiseln Zuchtformen beziehungsweise Sorten der roten Ribisel. Rote Früchte schmecken aromatisch säuerlich, weiße sind milder und süßer. Sowohl rote als auch weiße Beeren können roh oder gegart gegessen werden. Schwarze Ribiseln schmecken roh mitunter recht herb und eignen sich eher für die Zubereitung von Saft oder Gelee.

Saison

Ribiseln haben im Juli und August Saison. Quelle: Umweltberatung

Einkauf

Die Beeren sollen noch an den Rispen hängen, prall sein, ihre Haut glänzen. Achten Sie darauf, dass die Früchte trocken sind und sich an den Rispen kein Schimmel gebildet hat. Werfen Sie auch einen Blick auf die Unterseite der Packung.

Aufbewahrung und Haltbarkeit

Ribiseln halten im Kühlschrank (Gemüsefach) in einem flachen Behälter verteilt oder gewaschen und eingezuckert in einem verschließbaren Gefäß bis zu drei Tage. Zum Einfrieren Beeren von den Rispen abstreifen, lose auf ein Backblech legen und die gefrorenen Beeren in einen Behälter umfüllen.

Küchentipps

Ribiseln am besten in einer Schüssel waschen, im Sieb abtropfen lassen und erst danach mit einer Gabel von den Rispen streifen. Ribiseln schmecken roh, als Marmelade und Gelee, als Kuchenbelag, Saft oder Sirup …

Nährwert und Inhaltsstoffe

100 Gramm weiße Ribiseln liefern 30 kcal, 100 Gramm rote Ribiseln 33 kcal, 100 Gramm schwarze Ribiseln 39 kcal. Vor allem die schwarzen Ribiseln sind reich an Vitamin C (sie enthalten fünfmal so viel wie rote Ribiseln und dreimal so viel wie Orangen) und liefern zudem mehr Mineralstoffe als andere Ribiselsorten (vor allem Eisen, Mangan und Kalium).

Weintrauben (Tafeltrauben)

Die Weinrebe stammt vermutlich aus Kleinasien und zählt zu den ältesten Kulturpflanzen. Sie wird bereits seit Jahrtausenden gezogen und heute weltweit kultiviert. Weintrauben werden roh verspeist, zu Rosinen getrocknet, zu Saft gepresst oder zu Wein vergoren. Die meisten Trauben werden zur Weinerzeugung verwendet, nur etwa zehn Prozent der weltweiten Traubenernte kommen als Tafeltrauben auf den Markt. Wer Trauben mag, hat die Qual der Wahl: Es gibt weiße Sorten mit grünen, gelben oder bernsteinfarbenen Beeren, dunkle Sorten mit roten, blauen bis hin zu dunkelvioletten Beeren, Sorten mit runden und Sorten mit dattelförmigen Beeren und schließlich auch solche mit und vermeintlich auch ohne Kerne. Vermeintlich deshalb, weil es genau genommen keine kernlosen Trauben gibt. Wohl aber solche, deren Kerne so klein sind, dass man sie beim Essen nicht bemerkt. Kernlose Sorten sind mittlerweile sehr beliebt. Bekannte Tafeltraubensorten sind unter anderem Thompson Seedless (kernlos, weiß), Sultana (kernlos, weiß), Italia (weiß, mit Kernen), Flame seedless (kernlos, blau), Red Globe (rot, mit Kernen) oder Ribiér (blau mit Kernen).

Saison Weintrauben haben im September und Oktober Saison.
Quelle: Umweltberatung

Einkauf Die Trauben sollten eine der Sorte entsprechende frische Farbe und eine pralle Haut haben. Helle Traubensorten sind, wenn sie reif sind, gelbgrün bis goldgelb. Sind die Trauben giftgrün, wurden sie unreif geerntet. Sie schmecken dann sauer und können sogar Magenprobleme hervorrufen. Unreife Trauben reifen auch bei längerer Lagerung nicht nach. Frische Weintrauben sind von Natur aus mit einer weißlichen, dünnen, wachsartigen Schicht überzogen, die sie vor dem Austrocknen schützt. Ist die Haut am Stielansatz braun, die Rispen vertrocknet oder welk, sind die

Trauben nicht mehr frisch. Kontrollieren Sie bei in Schalen verpackten Trauben auch die zuunterst liegenden Früchte. Früchte mit Druckstellen werden leicht faulig und sind anfällig für Schimmel. Staunässe, die sich in unperforierten Plastiksäcken mitunter rasch bildet, macht Trauben ebenfalls anfällig für schnellen Verderb.

Aufbewahrung und Haltbarkeit

Bei Zimmertemperatur halten Weintrauben nur wenige Tage, im Gemüsefach des Kühlschranks halten sie bis zu zwei Wochen. Trauben sind druckempfindlich, und müssen daher immer möglichst zuoberst liegen. Vor dem Einlagern nicht waschen, da sie sonst leicht zu schimmeln beginnen. Rund eine Stunde vor dem Verspeisen aus dem Kühlschrank nehmen, damit sie ihr Aroma entfalten. Weintrauben lassen sich auch lose einfrieren.

Küchentipps

Kurz vor dem Verzehren oder der weiteren Verarbeitung gründlich mit kaltem Wasser waschen und erst danach von der Rispe abpflücken. Weintrauben schmecken besonders gut roh, zum Käse, im Obstsalat oder Müsli oder auch als Tortenbelag. Sie eignen sich zudem zur Zubereitung von Marmelade, Gelee oder Saft. Falls sie die Trauben ohne Schale verarbeiten wollen: Früchte kurz in heißes Wasser tauchen, danach mit kaltem Wasser abschrecken und die Haut vom Stielansatz her abziehen.

Nährwert und Inhaltsstoffe

In 100 Gramm Weintrauben stecken durchschnittlich 67 kcal. Weintrauben enthalten reichlich Frucht- und Traubenzucker und liefern daher rasch Energie. Bei Vitaminen und Mineralstoffen, die zwar in Summe reichlich vorhanden sind, erreichen Weintrauben keine Spitzenwerte.

Zahlen und Fakten

Pro-Kopf-Verbrauch: 3,9 kg
Tafeltrauben werden hierzulande kaum angebaut, der Selbstversorgungsgrad geht gegen Null. Wichtige Importländer für Tafeltrauben sind u.a. Italien, die Türkei, Spanien und Südafrika.
Quelle: Statistik Austria

Zitronen und Limetten

Zitronen stammen ursprünglich wahrscheinlich aus Indien und wurden zunächst in China kultiviert. Von dort wurden sie von arabischen Händlern nach Afrika und Europa gebracht und gelangten schließlich mit Columbus nach Amerika. Heute werden Zitronen in subtropischen Gebieten und vor allem in den Mittelmeerländern angebaut. Zitronen sind je nach Sorte oval bis eiförmig, haben spitz zulaufende oder wulstige Enden, eine raue bis glatte, dicke oder dünnere Schale und ein hellgelbes, saftiges, saures Fruchtfleisch. Zitronen sind reif und saftig, wenn ihre Schale zu glänzen beginnt. Die Schale reifer Zitronen muss nicht unbedingt leuchtend gelb, sie kann auch grün sein. Gelb wird sie nur, wenn vor der Ernte die Temperaturunterschiede zwischen Tag und Nacht groß sind. Nur dann wird das Chlorophyll in der Schale abgebaut. Zitronen mit grüner Schale können im Lager durch Temperaturwechsel und Ethylen „künstlich" entgrünt werden, sind aber dann weniger haltbar als „natürlich" entgrünte Früchte. Limetten sind mit den Zitronen verwandt. Sie sind sehr kälteempfindlich, wachsen in tropischen Klimazonen und werden mitunter auch „Zitronen der Tropen" genannt. Limetten haben eine grüne bis grüngelbe, glatte, sehr dünne und lederartige Schale. Ihr Fruchtfleisch ist grün bis grünlichgelb, sehr aromatisch, sauer und wesentlich saftiger als das von Zitronen.

Saison Zitronen und Limetten werden bei uns ganzjährig angeboten.

Einkauf Die Früchte sollten schwer in der Hand liegen: Kleinere, schwerere Früchte mit dünner, feinporiger Schale sind meistens aromatischer und saftiger als solche mit großporiger, dicker Schale. Die Schale sollte zudem weder zu trocken noch fleckig sein. Ihre Farbe sagt nicht unbedingt etwas über die Reife der Frucht aus.

Aufbewahrung und Haltbarkeit Zitrusfrüchte reifen nicht nach. Zitronen und Limetten halten bei Zimmertemperatur rund ein bis zwei Wochen. Angeschnittene Früchte am besten mit der Schnittfläche auf einen Teller legen und binnen zwei bis drei Tagen verbrauchen.

Küchentipps

Zitronensaft wird zum Säuern von Salaten und Fisch verwendet und verhindert, dass sich Früchte oder Gemüse nach dem Aufschneiden braun verfärben. Zitronen schmecken zudem in Getränken, Kuchen und Torten. Limetten lassen sich so wie Zitronen verwenden und sind obendrein Standardzutat diverser Cocktails.
Wird eine Zitrone oder Limette vor dem Auspressen mit der flachen Hand über eine glatte Unterlage gerollt, gibt sie mehr Saft. Damit Zitrusfrüchte länger halten, werden sie nach der Ernte üblicherweise mit Konservierungsmitteln und Wachsen behandelt. Das muss entsprechend deklariert sein. Vor dem Schälen sollten die Früchte besser gewaschen, die Schale mit einem Tuch oder Küchenpapier abgerieben werden. Zum Saftpressen sollten nur unbehandelte Früchte verwendet werden. Auch die Zitronenscheiben für das Soda Zitron oder die Limetten für Cocktails sollten ebenso wie die geriebene Zitronenschale zum Verfeinern von Kuchen oder Desserts von unbehandelten Früchten stammen. Oder Sie verwenden überhaupt Zitronen aus biologischem Anbau. Diese werden ohne chemisch-synthetische Pflanzenschutzmittel produziert und nicht oberflächenbehandelt.

Nährwert und Inhaltsstoffe

100 Gramm Zitronen (geschält) liefern durchschnittlich 36 kcal. Zitronen sind reich an Vitamin C, Magnesium und Kupfer.

Zahlen und Fakten

Pro-Kopf-Verbrauch: 3,1 kg Zitronen (inklusive Limetten) wurden zuletzt vor allem aus Spanien, Italien, Argentinien und Südafrika importiert.
Quelle: Statistik Austria

Zwetschken und Pflaumen

So manches, was hierzulande als Zwetschke bezeichnet wird, ist eigentlich eine Pflaume. Zwetschken und Pflaumen ist wiederum gemein, dass sie – so wie beispielsweise auch Mirabellen, Ringlotten und Kriecherln – eine Unterart der Kulturpflaume sind. Die Kulturpflaume stammt an sich aus Kleinasien und wurde von den Römern nach Europa gebraucht. Im Laufe der Zeit entwickelte sich eine enorme Sortenvielfalt. Die drei bis sechs Zentimeter großen, länglich-eiförmigen Zwetschken mit ihren spitzen Enden haben eine blau-violette bereifte Haut, ein grüngelbes saftiges Fruchtfleisch, das gut vom Stein lösbar ist, und schmecken süßsäuerlich aromatisch. Pflaumen sind rötlich-blau bis violett, runder und größer als Zwetschken, ihr Fruchtfleisch saftiger und weicher und löst sich meistens nicht besonders gut vom Kern. Pflaumen schmecken sehr süß. Größe, Geschmack und Farbe der Früchte werden aber auch wesentlich von Standort und Klima beeinflusst. Was nun tatsächlich eine Zwetschke und was eine Pflaume ist, ist im Einzelfall oft nicht so einfach festzustellen. Die Übergänge zwischen diesen beiden Arten sind fließend. Ringlotten wiederum sind etwa drei bis sieben Zentimeter groß, kugelig rund, haben eine grünlich bis gelbliche Schale und schmecken aromatisch und mild säuerlich. Mirabellen sind ebenfalls kugelig rund, oft etwas kleiner als Ringlotten, gelb-orange bis rötlich, sehr saftig und süß-säuerlich bis sehr süß. Kriecherln haben eine blauviolette Haut und ein grünliches, süßes Fruchtfleisch, das sich schlecht vom Stein löst. Und damit es nicht zu einfach wird: Sowohl von Zwetschken als auch von Pflaumen und Co. gibt es natürlich ebenfalls zahlreiche unterschiedliche Sorten.

Saison

Zwetschken & Co haben im August und September Saison.
Quelle: Umweltberatung

Einkauf

Die Früchte sollten eine je nach Sorte frische Farbe und eine pralle Haut haben. Schrumpelige Haut am Stielansatz und zu weiches Fruchtfleisch sind Zeichen für mangelnde Frische. Harte, unreife Früchte reifen bei Raumtemperatur nach. Früchte, die frisch vom Baum kommen, sind mit einer weißlichen, dünnen, wachsartigen Schicht überzogen, die sie vor dem Austrocknen schützt.

Aufbewahrung und Haltbarkeit

Zwetschken und Pflaumen können bis zu einer Woche im Kühlschrank (Gemüsefach) aufbewahrt werden. Vor dem Einlagern nicht waschen! Ringlotten und Mirabellen sind empfindlicher und sollten daher rasch verbraucht werden. Entsteint und halbiert oder fächerförmig aufgeschnitten, eignen sie sich auch gut zum Einfrieren.

Küchentipps

Erst kurz vor dem Verspeisen oder der weiteren Verarbeitung waschen. Zum Entsteinen längs aufschneiden. Die Früchte schmecken roh, als Kompott oder Zwetschkenröster, als Marmelade, dick eingekocht, passiert und ungezuckert als Powidl, als Zwetschkenknödel, im Kuchen und Strudel, gemeinsam mit anderen Früchten im Rumtopf oder auch einmal als Schnaps, als Bratenfüllung, gebraten im Speckmantel ...

Nährwert und Inhaltsstoffe

Zwetschken und Pflaumen enthalten je 100 Gramm durchschnittlich 49 kcal, Ringlotten je 100 Gramm 56 kcal, Mirabellen 67 kcal. Vor allem Ringlotten liefern reichlich Eisen und Kalium. Getrocknete Zwetschken beziehungsweise Dörrpflaumen können leicht abführend wirken.

Zahlen und Fakten

Pro-Kopf-Verbrauch: 5,7 kg
Selbstversorgungsgrad: 94 Prozent
Zwetschken werden vor allem in steirischen, niederösterreichischen und burgenländischen Erwerbsobstanlagen produziert. Importware stammte zuletzt in erster Linie aus Ungarn, Italien und Rumänien.
Quelle: Statistik Austria

Gemüse von A–Z

Reif geerntet und frisch – so soll Gemüse sein. Nutzen Sie die Vielfalt des Angebotes und nehmen Sie sich Zeit zum Auswählen. Achten Sie beim Einkauf gut auf Frische- und Qualitätsmerkmale.

Artischocken

Die Artischocke ist ein Distelgewächs, das im gesamten Mittelmeerraum (und in geringem Umfang übrigens auch bei uns) angebaut wird. Ihre Blütenknospen werden als Gemüse geerntet und haben einen charakteristischen zartbitteren Geschmack, der durch den Bitterstoff Cynarin verursacht wird. Im Geschäft beziehungsweise am Markt angebotene Artischocken haben je nach Sorte dunkelgrüne bis violette Blätter. Ihre Größe hängt ebenfalls von der Sorte ab.

Saison

Mitte Juli bis Ende September. Importierte Artischocken sind bei uns nahezu ganzjährig erhältlich.

Einkauf

Frische Artischocken sind kompakt und haben eng anliegende, knackige Blätter. Artischocken mit braun verfärbten Blattspitzen haben ihre beste Zeit eindeutig hinter sich.

Aufbewahrung und Haltbarkeit

Im Kühlschrank halten Artischocken in Folie eingewickelt einige Tage. Einmal gegart, verderben sie leicht und sollten daher binnen eines Tages verspeist werden.

Küchentipps

Vor dem Garen Stielende der Artischocken abschneiden und Blattspitzen mit der Schere kürzen. Danach abspülen und Zitronensaft auf die Schnittflächen träufeln. In reichlich Salzwasser und etwas Essig oder Zitronensaft je nach Größe bis zu 45 Minuten garen. Lassen sich die äußeren Blätter leicht ablösen, sind die Artischocken gar. Gut abtropfen lassen. Gegessen werden die unteren fleischigen Teile der Blätter (das Fruchtfleisch wird mit den Zähnen heraus gestreift) und der Blütenboden. Bevor es ans Verspeisen des Bodens geht, muss allerdings noch das Heu (ungenießbare Fasern) entfernt werden. Artischocken schmecken mit pikanten Soßen, kalt auch mit Vinaigrette, zudem als Beilage oder püriert als Suppe ... Vorsicht: In Aluminiumtöpfen verfärben sich Artischocken

grauschwarz. Zum Kochen daher Edelstahl- oder Emailtöpfe verwenden. Artischockensaft färbt Hände und Küchengerät braun. Gerät rasch kalt abspülen und am besten Gummihandschuhe tragen. Kleine Artischocken können auch gebraten oder gegrillt werden.

Nährwert und Inhaltsstoffe

Artischocken sind ballaststoffreich und sehr kalorienarm. In 100 Gramm stecken lediglich 22 kcal. Artischocken liefern reichlich Vitamin K und B1, Kalium, Magnesium, Eisen, Kupfer und Mangan.

Brokkoli

Brokkoli, früher u.a. auch als Spargelkohl bezeichnet, ist mit dem Karfiol eng verwandt. Er ist ein Blütengemüse, das heißt, die verdickten Blütenstiele und die Blütenknospen werden als Gemüse verspeist. Anders als Karfiol sind Brokkoliköpfe auf dem Feld nicht von Hüllblättern bedeckt. Durch die Sonneneinstrahlung bildet sich Chlorophyll und der Kopf färbt sich intensiv grün. Andersfärbige Sorten (z.B. violette) sind bei uns kaum erhältlich. Brokkoli schmeckt feiner als Karfiol und zart nach Spinat oder Spargel. Er wird bei uns hauptsächlich im Burgenland, in Oberösterreich, Niederösterreich und Tirol angebaut.

Saison

Brokkoli hat von Juni bis einschließlich Oktober Saison.
Quelle: Umweltberatung

Einkauf

Qualitativ einwandfreier Brokkoli hat dunkel- bis blaugrüne, geschlossene Blütenknospen, knackig grüne Stiele und Blätter. Kontrollieren Sie beim Kauf, ob die Schnittflächen frisch sind. Brokkoli mit gelblichen Blütenknospen liegen lassen, sie schmecken bitter.

Aufbewahrung und Haltbarkeit

Brokkoli wird rasch gelb und welk. Im Gemüsefach des Kühlschranks hält er in Folie eingewickelt ein bis zwei Tage. Brokkoli eignet sich zum Einfrieren. Vorher blanchieren!

Küchentipps

Nach dem Putzen und Waschen die Röschen von den Stielen trennen, von festeren Stielen die Haut mit dem Sparschäler entfernen und die Stiele in Stücke schneiden. In wenig Salzwasser bissfest garen. Die Stiele haben eine längere Garzeit (bis zu fünfzehn Minuten) als die Blüten (bis zu 8 Minuten). Brokkoli schmeckt u.a. als Rohkostsalat, gekocht (und abgekühlt) als Salat, als Beilage, als Auflauf, im Eintopf, püriert als Suppe ...

Nährwert und Inhaltsstoffe

Brokkoli liefert je 100 Gramm 26 kcal. Brokkoli ist reich an Provitamin A, Vitamin K, Folsäure und Vitamin C sowie an Kalium, Kalzium, Magnesium, Eisen, Zink, Kupfer, Mangan und Jod. Er enthält mehr Nährstoffe als sein enger Verwandter Karfiol.

Erbsen

Erbsen gehören zu den ältesten Nutzpflanzen. Obwohl es zahlreiche Sorten gibt, sind bei uns nur einige von Bedeutung. Markerbsen haben leicht eckige, runzelige, kleine Körner und schmecken süß. Pal- oder Schalerbsen haben runde, glatte und leicht mehlige Körner. Junge Zuckererbsen sind sehr süß. Sie werden geerntet, wenn die Körner noch klein sind und mit der Schote gegessen.

Saison

Erbsen haben von Juni bis Ende August Saison. Quelle: Umweltberatung

Einkauf

Qualitativ gute, frische Erbsen haben knackige, glatte, grüne Schoten, die bei Mark- und Palerbsen zudem gleichmäßig und prall gefüllt sind. Die Schoten junger Zuckererbsen sollten ebenfalls fest und knackig sein und keine fleckigen Stellen haben. Hier gilt: Je kleiner, desto zarter der Geschmack.

Aufbewahrung und Haltbarkeit

Erbsen am besten am Tag des Einkaufs zubereiten. Sie reifen beim Lagern nach und werden bitter und mehlig. Im Kühlschrank (Gemüsefach) sollten sie daher in ein feuchtes Tuch eingeschlagen maximal zwei Tage aufbewahrt werden. Blanchiert eignen sich Erbsen sehr gut zum Einfrieren.

Küchentipps

Schoten (von Mark- oder Palerbsen) auslösen, Erbsen waschen und in wenig Salzwasser 10 – 15 Min. garen. Zuckererbsen waschen, Blütenansatz und harte Fäden an den Seiten entfernen und noch tropfnass mit ein bisschen Butter und einer Prise Zucker max. 6 Min. garen. Erbsen schmecken blanchiert als Salat, gekocht und püriert als Suppe, als Beilage, im Eintopf …

Nährwert und Inhaltsstoffe

Erbsen sind gute Eiweißlieferanten, ballaststoffreich, enthalten viel Vitamin K, Vitamin B1, Vitamin C, Folsäure, Panthotensäure und Biotin sowie Kalium, Magnesium, Eisen, Zink, Kupfer und Mangan. In 100 Gramm stecken 81 kcal.

Zahlen und Fakten

Pro-Kopf-Verbrauch: 1,6 kg
Selbstversorgungsgrad: 81 Prozent
Erbsen werden bei uns in erster Linie in Niederösterreich produziert. Wichtige Importländer für Frischware sind u.a. Deutschland, Italien und Litauen.
Quelle: Statistik Austria

Erdäpfel (Kartoffeln)

Kartoffeln stammen ursprünglich aus den Anden (Südamerika). Gegen Ende des 16. Jahrhunderts gelangten sie auf dem Seeweg nach Europa. Heute sind Kartoffeln eines unserer beliebtesten Nahrungsmittel. Weltweit gibt es unzählige Sorten, doch von diesen wird nur ein geringer Teil regelmäßig angebaut. Bei uns sind vor allem gelbe Erdäpfelsorten erhältlich, doch es gibt auch rötliche, violette und blaue Sorten. Nach ihren Kocheigenschaften werden festkochende, vorwiegend festkochende und mehlige Sorten unterschieden. Festkochende (z.B. Agata, Sigma) eignen sich sehr gut für Erdäpfelsalat oder Gratin, vorwiegend festkochende (z.B. Quarta, Romina) für Suppen oder Salzkartoffel, mehlige Sorten (z.B. Agria, Saturna) für die Zubereitung von Püree oder Knödel. Frühe Erdäpfelsorten werden bei uns als Heurige bezeichnet.

Saison

Erdäpfel haben von Juni bis Ende Oktober Saison. Davor und danach sind sie als heimische Lagerware erhältlich.
Quelle: Umweltberatung

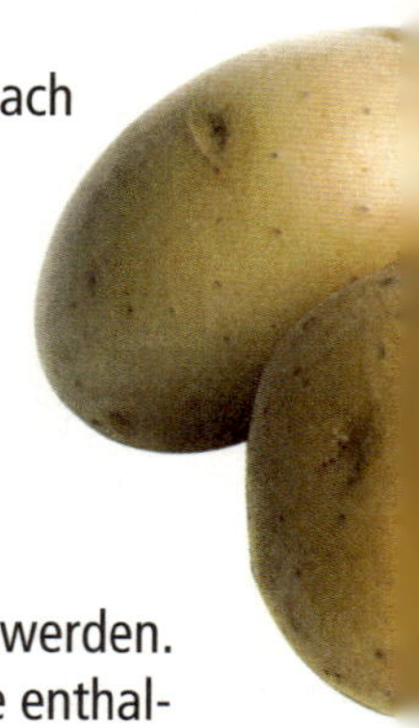

Einkauf

Qualitativ einwandfreie, frische Erdäpfel sind prall, fest, sauber und trocken, haben eine unversehrte Haut, weder faulige noch grüne Stellen und auch keine Keimansätze.

Aufbewahrung und Haltbarkeit

Erdäpfel sollten kühl (aber nicht kalt) und dunkel gelagert werden. Werden sie bei weniger als 5 Grad aufbewahrt, wandelt sich die enthaltene Stärke in Zucker um und die Erdäpfel schmecken dann unangenehm süßlich. Bei Temperaturen über 8 Grad beginnen Kartoffeln zu keimen. Zu hell aufbewahrt, verfärben sie sich grün und bilden im Bereich der Schale, in den grün gefärbten Stellen Solanin, eine Substanz, die in hohen Dosen toxisch wirkt. Solanin ist auch in den Keimen enthalten. Frühkartoffeln (Heurige) haben eine dünne Schale und einen hohen Wassergehalt. Sie halten etwa zwei Wochen. Späte Sorten halten in einem dunklen und luftigen Keller auch monatelang. Sie werden zwar mitunter so verkauft, dennoch sollten Kartoffeln nie im Plastiksack aufbewahrt werden, weil sie dann rasch zu schwitzen und zu faulen beginnen. Erdäpfelgerichte eignen sich zum Einfrieren.

Küchentipps

Kartoffeln mit der rauen Seite eines Küchenschwammes oder einer weichen Bürste unter fließendem kaltem Wasser reinigen. Eventuell vorhandene grüne Stellen und Keimansätze großzügig ausschneiden. Je nach Rezept werden Kartoffeln roh und geschält verarbeitet, mit oder ohne Schale gekocht. Das Kochen mit Schale ist am vitamin- und mineralstoffschonendsten. Vor dem Verspeisen sollten die Erdäpfel aber geschält werden, um eventuell vorhandenes Solanin zu entfernen. Solanin geht auch ins Kochwasser über, das Wasser daher nicht weiter verwenden. Erdäpfel schmecken als Suppe, Salat, Auflauf oder Gratin, als Beilage in Form von Petersil- oder Salzkartoffeln, Knödel, Püree, Kroketten, Bratkartoffeln oder Pommes frites … Vorsicht: Werden Kartoffeln bei starker Hitze gebraten oder gebacken, kann sich schädliches Acrylamid bilden. Beim Backen (z.B. von Backofen-Pommes frites) sollten daher 180 (mit Umluft) bzw. 200 Grad Celsius (ohne Umluft), beim Frittieren 175 Grad Celsius nicht überschritten werden. Bratkartoffeln, die aus gekochten Erdäpfeln zubereitet werden, enthalten weniger Acrylamid als solche aus rohen Erdäpfeln.

Nährwert und Inhaltsstoffe

Aufgrund ihres hohen Kohlenhydratanteils (Kartoffeln bestehen zu ungefähr 15 Prozent aus verwertbaren Kohlenhydraten und zu 2 Prozent aus Ballaststoffen) sättigen Erdäpfel gut. Trotzdem sind sie kalorienarm: In 100 Gramm Kartoffeln stecken nur 68 kcal – weniger, als beispielsweise in 100 Gramm gekochtem parboiled Reis. Kartoffeln liefern obendrein hochwertiges Eiweiß, reichlich Mineralstoffe (insbesondere Kalium und Magnesium) und Vitamin C.

Zahlen und Fakten

Pro-Kopf-Verbrauch: 56,1 kg
Selbstversorgungsgrad: 96 Prozent
Erdäpfel werden in erster Linie in den Bundesländern Niederösterreich, Oberösterreich und dem Burgenland angebaut. Zuletzt wurden sie zudem vor allem aus Deutschland, den Niederlanden, Ägypten und Frankreich importiert.
Quelle: Statistik Austria

Fenchel (Knollenfenchel)

Fenchel stammt aus dem Mittelmeerraum und war lange Zeit nur als Gewürzpflanze bekannt. Als Gemüse ist die weißgrüne Knolle mit dem dillähnlichen Grün und anisartigen Geschmack bei uns erst seit wenigen Jahrzehnten verbreitet. Gemüse- oder Knollenfenchel ist je nach Sorte rund oder länglich gestreckt, hat fest gerippte Blätter und röhrenförmige Blattstiele mit zartem, grünen Kraut. Bevor Fenchel zum Verkauf gelangt, werden die Blattstiele und das Kraut oberhalb der Knolle abgeschnitten. Fenchel wird bei uns vor allem in Niederösterreich und Tirol produziert.

Saison

Fenchel hat von Juni bis einschließlich Oktober Saison.
Quelle: Umweltberatung

Einkauf

Fenchelknollen sollten beim Kauf fest, fleckenlos hell und unversehrt sein, saftige, frische Schnittstellen und kräftig grünes Fenchelkraut haben.

Aufbewahrung und Haltbarkeit

In ein feuchtes Tuch eingeschlagen hält Fenchel im Kühlschrank (Gemüsefach) bis zu einer Woche. Zum Einfrieren in dünne Scheiben schneiden.

Küchentipps

Waschen, Wurzelansatz und grüne Stängel abschneiden, eventuell nicht mehr ganz frische äußere Blätter entfernen. An der unteren Schnittstelle beginnend die feinen Fäden abziehen. Die Knolle zerteilen. Der Kern ist härter als die Außenblätter und kann gegebenenfalls keilförmig herausgeschnitten und entfernt werden. Fenchel schmeckt in Streifen geschnitten roh, als Salat, gedünstet als Gemüse (Garzeit rund zehn Minuten), überbacken als Gratin, gebraten als Beilage oder Vorspeise....
Das grüne Fenchelkraut kann gehackt zum Würzen verwendet werden.

Nährwert und Inhaltsstoffe

Fenchel ist reich an Provitamin A, Vitamin E, K, B1, Folsäure und liefert sogar doppelt so viel Vitamin C wie Orangen. Auch der Gehalt an etlichen Mineralstoffen (u.a. Eisen, Kalium, Kalzium, Magnesium, Mangan) ist imposant. 100 Gramm Fenchel enthalten nur 25 kcal.

Gurken

Gurken stammen ursprünglich aus Indien, heute werden sie weltweit angebaut. Sie zählen zu den Kürbisgewächsen, ihre Frucht ist eine fleischige, lang gezogene Beere. Früher hatten Gurken üblicherweise bittere Enden, heutige Sorten sind überwiegend bitterstofffrei. Salat- oder Schlangengurken werden vor allem im Glashaus kultiviert, Feld- und Einlegegurken im Freiland. Salatgurken werden circa 40 Zentimeter lang, und bei uns gängige Sorten aus dem Treibhaus haben, wenn sie geerntet werden, meistens eine dunkelgrüne, glatte Schale. Bei jungen Früchten ist die Schale noch warzig. Feldgurken sind deutlich dicker und kürzer als Salatgurken. Einlegegurken werden je nach Größe zu Senf-, Gewürz-, Essig- oder Salzgurken verarbeitet. In Essig und Kräuter eingelegte, fleckenfrei grüne und unbeschädigte Gurken werden als Delikatessgurken bezeichnet. Die kleinsten Einlegegurken heißen Cornichons.

Saison

Salatgurken werden vorwiegend im Glashaus erzeugt und sind das ganze Jahr über erhältlich. Aus heimischer Produktion gibt es sie laut Agrarmarkt Austria von Mitte März bis einschließlich Oktober. Feldgurken haben bei uns laut Umweltberatung von Juni bis einschließlich August Saison.

Einkauf

Frische Gurken sind gleichmäßig grün, prall und knackig. Gelbe Verfärbungen und weiche Stellen zeigen an, dass die Gurke ihre beste Zeit bereits hinter sich hat und obendrein wahrscheinlich auch schon bitter ist.

Aufbewahrung und Haltbarkeit

Gurken halten im Kühlschrank (Gemüsefach) nur ein bis zwei Tage. (Sollen sie länger halten, müssten sie bei etwa zwölf Grad und hoher Luftfeuchtigkeit aufbewahrt werden.) Vorsicht: Gurken sind ethylenempfindlich. Werden sie neben Paradeisern oder Äpfeln gelagert, werden sie rasch gelb. Zum Einfrieren sind rohe Gurken nicht geeignet.

Küchentipps

Wie schon aus der Bezeichnung hervorgeht, eignen sich Salatgurken vor allem für die Zubereitung von Salat, Einlegegurken zum Pikanteinlegen. Feldgurken eignen sich ebenfalls für die Zubereitung von Salat und darüber hinaus noch sehr gut zum Kochen. Vor dem Zubereiten sollten Gurken gewaschen werden. Die Schale von der Spitze zum Stielansatz mit einem Sparschäler entfernen, härtere Kerne eventuell auch entfernen. Für Gurkensalat kann das Schälen aber auch unterbleiben. Gurken schmecken auch als Suppe, mit Faschiertem oder Gemüse gefüllt als Hauptgericht, gedünstet als Beilage, und natürlich mit Jogurt, Knoblauch, ein wenig Essig und Olivenöl gemischt als klassisches griechisches Tzatziki. Vorsicht: Sobald Gurken gesalzen werden, wässern sie aus und verlieren Kalium. Durch Salzen und anschließendes Ausdrücken verlieren Gurken nicht nur wertvolle Inhaltsstoffe, sondern werden auch schwer verdaulich. Daher erst kurz vor dem Verspeisen salzen.

Nährwert und Inhaltsstoffe

Gurken bestehen zu rund 96 Prozent aus Wasser und sind dementsprechend kalorienarm. In 100 Gramm Gurke stecken durchschnittlich lediglich 12 kcal. Gurken liefern reichlich Vitamin K und geringere Mengen von einigen Mineralstoffen (unter anderem Kalium, Kalzium und Eisen).

Zahlen und Fakten

Pro-Kopf-Verbrauch: Salatgurken 4,4 kg, Cornichons 2,0 kg
Selbstversorgungsgrad: Salatgurken 62 Prozent, Cornichons 72 Prozent
Bei uns geerntete Gurken stammen vor allem aus Wien und Oberösterreich. Wien ist bei der Produktion von Glashausgurken Spitzenreiter, in Oberösterreich werden in erster Linie Freilandgurken (Feldgurken/Salatgurken, Einlegegurken) produziert.
Importware stammte zuletzt insbesondere aus Spanien, den Niederlanden, Deutschland und Griechenland.
Quelle: Statistik Austria

Karfiol (Blumenkohl)

Karfiol, auch Blumenkohl genannt, stammt ursprünglich aus dem Mittelmeerraum und wird heute weltweit angebaut. Er ist so wie Brokkoli oder Artischocken ein Blütengemüse, das heißt, die Blüte beziehungsweise der Blütenstand (in diesem Fall einer Kohlart) wird als Gemüse verspeist. Karfiol wird geerntet, wenn der Blütenstand noch nicht voll entwickelt, der Kopf noch geschlossen und kompakt ist. Sind die Blütenknospen einmal ausgetrieben und der Kopf locker, ist der Karfiol nicht mehr knackig und hat nicht mehr seinen typischen feinen Geschmack. Bei uns sind hauptsächlich weiße Karfiolsorten erhältlich: Der Kopf ist auf dem Feld von Hüllblättern bedeckt, dadurch vor direkter Sonneneinstrahlung geschützt. Auf diese Weise kann sich kein Chlorophyll bilden, der Karfiol bleibt weiß. Gehen die Hüllblätter auf, verfärbt sich der Kopf gelblich. Es gibt aber auch Karfiolsorten mit grünen oder violetten Köpfen. Diese schmecken intensiver als weiße Sorten. Eine der bekanntesten bunten Sorten ist der gelbgrünliche Romanesco, bei dem die Einzelröschen zu Spitzkegeln geformt sind.

Saison

Karfiol hat von Mai bis Ende Oktober Saison. Im November gibt es österreichischen Karfiol noch als Lagerware.
Quelle: Umweltberatung

Einkauf

Karfiol sollte beim Kauf einen fest geschlossenen, unversehrten Kopf mit gleichmäßiger Wölbung sowie knackig grüne, eng am Kopf anliegende Blätter haben, der Strunk angenehm riechen. Zu lange gelagerter Karfiol riecht unangenehm und faulig. Gelblich gefärbte Blätter weisen ebenfalls darauf hin, dass das Gemüse nicht mehr frisch ist. Karfiol ist zudem druckempfindlich (Druckstellen verfärben sich rasch braun) und sollte daher vorsichtig transportiert werden.

Aufbewahrung und Haltbarkeit

Karfiol am besten noch am Tag des Kaufs zubereiten. Im Kühlschrank (Gemüsefach) hält er ungewaschen und im Ganzen zwei bis drei Tage. Vor dem Einlagern besser die Blätter entfernen. Karfiol ist ethylenempfindlich. Damit er nicht vorzeitig welkt, sollte er nicht neben Paradeisern oder Obst aufbewahrt werden. Blanchiert eignet sich Karfiol gut zum Einfrieren.

Küchentipps

Vor der Zubereitung das untere Ende des Strunkes abschneiden, die Hüllblätter entfernen und den Karfiol gut waschen. Kleine Blättchen können bleiben und mitverwendet werden. Strunk unten kreuzweise einschneiden, wenn der Karfiol im Ganzen gegart werden soll. Wird er in Röschen zerteilt gekocht, ist die Garzeit kürzer. Auf jeden Fall gilt: Zum Garen wenig Wasser verwenden und den Topf mit einem Deckel schließen. Mit etwas Zitronensaft im Kochwasser bleibt der Karfiol obendrein schön weiß. Wird er in einem Aluminiumtopf gegart, verfärbt er sich grau. Falls Sie violetten Karfiol erstanden haben: Er wird beim Garen grün. Gegarter Karfiol sollte auf jeden Fall bissfest sein. Karfiol schmeckt gekocht und püriert als Suppe, gegart als Salat, in Essig eingelegt, als Auflauf, gedünstet als Gemüsebeilage oder in Kombination mit Butter und Semmelbröseln, paniert oder in Teig heraus gebacken … und auch ungekocht als Rohkostsalat.

Nährwert und Inhaltsstoffe

Karfiol ist mit einem Energiegehalt von 22 kcal je 100 Gramm sehr kalorienarm, liefert aber reichlich Vitamine (vor allem Vitamin K, Folsäure, Vitamin C) und Mineralstoffe (Kalium, Magnesium). Blumenkohl ist sehr leicht verdaulich.

Zahlen und Fakten

Pro-Kopf-Verbrauch: 1 kg
Selbstversorgungsgrad: 55 Prozent
Karfiol wird bei uns insbesondere im Burgenland, in Nieder-, Oberösterreich und Tirol angebaut. Zuletzt wurde Karfiol (inklusive Brokkoli) vor allem aus Italien, Frankreich und Deutschland importiert.
Quelle: Statistik Austria

Karotten

Wir kennen sie vor allem orange oder gelb, es gibt sie aber – selten, aber doch – auch (wieder) in violett. Karotten sind nach Paradeisern und Zwiebeln unser drittliebstes Gemüse. Die Form von Karotten variiert von länglich, spitz zulaufend bis hin zu walzenförmig, der Geschmack von süß bis nussig.
Je nach Anbau und Erntezeit ist zwischen Früh-, Sommer- und Spätkarotten zu unterscheiden: Früh- oder Jungkarotten kommen meistens im Bund mit Grün in den Handel. Sie haben einen

hohen Zuckergehalt und sind saftig. Sommerkarotten sind etwas größer und dicker als Jungkarotten. Sie werden maschinell gewaschen, ohne Grün und meistens in Plastiksäcken verpackt angeboten. Spät- oder Dauerkarotten sind am größten und dicksten und kommen während der Wintermonate als Lagergemüse auf den Markt. Spätkarotten sind heller und haben einen höheren Ballaststoffgehalt als frühe Sorten.

Saison

Anfang Juni bis Ende September. Die übrigen Monate sind Karotten aus heimischer Produktion als Lagerware erhältlich.
Quelle: Umweltberatung

Einkauf

Das Grün von Frühkarotten muss frisch aussehen, die Farbe der Karotten kräftig sein. Karotten sollten weder einen grünen Kopfansatz haben, noch fleckig oder verletzt sein. Frische Karotten lassen sich zudem nicht biegen, sondern brechen knackend. Je später Karotten geerntet werden, desto mehr Nitrat wird bei Schönwetter abgebaut. Frühkarotten haben daher meistens einen höheren Nitratgehalt als Spätkarotten.

Aufbewahrung und Haltbarkeit

Frühkarotten halten im Kühlschrank (Gemüsefach) ein bis zwei Tage. Grüne Stängel vor dem Lagern entfernen, damit sie keine Feuchtigkeit entziehen und die Karotten länger knackig bleiben. Sommer und Spätkarotten halten im Gemüsefach in etwa eine Woche. Verpackung vor dem Verstauen entfernen: Im Plastiksack beginnen Karotten rasch zu schwitzen und zu faulen.
Achtung: Karotten sind ethylenempfindlich. Werden sie neben Paradeisern, Äpfeln oder Birnen gelagert, werden sie schneller alt, bitter und schlaff.
Karotten können geputzt, geschält und in Scheiben geschnitten tiefgefroren werden. Vorher drei bis vier Minuten blanchieren.

Küchentipps

Jungkarotten brauchen nicht geschält zu werden. Abbürsten und waschen reicht. Das frische Grün kann verwendet werden (beispielsweise zum Würzen von Gemüse). Sommer – oder Spätkarotten sind zu waschen und zu schälen, von sehr dicken Karotten sollte obendrein der helle Strunk entfernt werden. Karotten sind reich an Betacarotin (daraus bildet sich im Körper Vitamin A). Damit der Körper Betacarotin besser aufnehmen kann, Karotten immer mit ein wenig Fett zubereiten und für Rohkost obendrein raspeln. Karotten eignen sich weiters für die Zubereitung von Suppen, schmecken gedünstet oder glasiert mit etwas Zucker als Gemüse, pikant eingelegt, als Zutat von Marmeladen, Kuchen, als Saft ... Eine Prise Zucker verstärkt den typischen Geschmack.

Nährwert und Inhaltsstoffe

Karotten sind sehr bekömmlich. Zudem sind sie ballaststoffreich und kalorienarm: 100 Gramm Karotten enthalten gerade einmal 25 kcal. Karotten liefern reichlich Vitamine (vor allem Betacarotin und Vitamin K) und Mineralstoffe (insbesondere Kalium, Eisen und Zink).

Zahlen und Fakten

Pro-Kopf-Verbrauch: 7,5 kg
Selbstversorgungsgrad: 102 Prozent
Bei uns werden Karotten vor allem in Niederösterreich, Tirol und Oberösterreich produziert. Importware stammte zuletzt in erster Linie aus Italien, Deutschland und den Niederlanden.
Quelle: Statistik Austria

Knoblauch

Knoblauch stammt wahrscheinlich aus Asien und ist eine der ältesten Kulturpflanzen. Die unter der Erde wachsenden Knoblauchzwiebeln haben eine weiße oder rosa Schale und bestehen jeweils aus mehreren Zehen, von denen jede wiederum von einer zarten Haut umhüllt ist. Knoblauch wird bei uns laut Statistik Austria vor allem in Niederösterreich und dem Burgenland erwerbsmäßig angebaut. In den Weinbergen wird hier auch in alter Tradition der sogenannte Weingartenknoblauch gezogen. Er hat eine blau-violette Schale und einen intensiven, meistens recht scharfen Geschmack. Laut Statistik Austria beträgt der Selbstversorgungsgrad bei Knoblauch lediglich sechs Prozent. Knoblauch wird daher großteils importiert. Das bei weitem bedeutendste Importland ist China.

Saison

Knoblauch hat im Juli und August Saison. Anschließend gibt es ihn laut Agrarmarkt Austria (AMA) bis Dezember als Lagerware.

Einkauf

Qualitativ einwandfreier Knoblauch hat pralle Zehen und weder grüne Keime noch braune Stellen. Achten Sie beim Kauf auf den Geruch: Riecht Knoblauch intensiv, ist wahrscheinlich sein Fruchtfleisch verletzt – dann besser ein anderes Exemplar (beziehungsweise ein anderes Netz) aussuchen!

Aufbewahrung und Haltbarkeit

Frische Knoblauchknollen halten im Gemüsefach des Kühlschranks bis zu zwei Wochen. Getrockneter Knoblauch hält luftig und trocken gelagert einige Monate.

Küchentipps

Zehe von der Knolle abtrennen, Haut abziehen, klein schneiden oder pressen und unverzüglich weiter verarbeiten. Vorsicht: Zehen mit grünem Keim im Inneren sind bitter und scharf. Knoblauch kann roh verwendet, mitgekocht oder gebraten werden. Sollen Speisen nur zart aromatisiert werden, Schüssel, Topf oder Teller mit einer geschälten Zehe ausreiben. Knoblauch wird durch Mitkochen milder. Nur langsam anbraten, sonst wird er schwarz und bitter. Knoblauch schmeckt als Würze in Suppen, Gemüsegerichten und Salaten, zu gebratenem Fleisch, Fisch und Meeresfrüchten, als Zutat im Pesto, in der Kräuterbutter …

Nährwert und Inhaltsstoffe

In 100 g Knoblauch stecken 139 kcal. Der typische Knoblauchgeruch wird durch ein schwefelhaltiges ätherisches Öl (Allicin) verursacht.

Kohl (Wirsing, Chinakohl & Co)

Wirsing – oder auch einfach „Kohl" – stammt ursprünglich aus dem Mittelmeerraum. Wirsing hat je nach Sorte einen runden bis ovalen Kopf und gekrauste, gerippte, am Rand gewellte Blätter. Frühreifende Sorten (Frühwirsing) sind hellgrün und haben goldgelbe Innenblätter, die locker aneinander liegen. Herbst- und Wintersorten sind dunkelgrün und ihre Köpfe fester geschlossen. Herbst- und Wintersorten haben zudem einen ausgeprägteren Kohlgeschmack als frühreifende Sorten.
Die ursprüngliche Heimat von Chinakohl ist Kanton. Chinakohl bildet je nach Sorte einen ovalen bis zylindrischen Kopf. Seine Blätter sind innen gelb, außen gelb bis dunkelgrün, an den Enden leicht gekraust, haben breite weiße Rippen und sind – verglichen mit den Blättern anderer Kohlsorten – zart und mild. Chinakohl bläht nicht. Japankohl wurde aus Chinakohlsorten gezüchtet. Er hat eine gedrungenere Form als Chinakohl und ist schmackhafter. Ein weiterer Verwandter des Chinakohls ist Pak Choi. Er stammt ursprünglich ebenfalls aus China und wird in Europa vor allem in den Niederlanden angebaut. Pak Choi hat dunkelgrüne, zarte, glatte und glänzende Blätter mit breiten, weißen Rippen, ist saftiger und würziger als Chinakohl und leicht verdaulich.

Saison

Wirsing hat von Juni bis Ende November, Chinakohl von August bis Ende Oktober Saison. Kohl und Chinakohl gibt es nach Saisonende bis in den Februar hinein als heimische Lagerware.
Quelle: Umweltberatung

Einkauf

Welche Art auch immer: Kohl sollte beim Kauf auf jeden Fall knackige, unversehrte Blätter ohne braune Flecken haben, die Schnittstelle saftig und frisch sein. Bei Wirsing hängt die Farbe der Blätter vom Erntezeitpunkt ab und sagt nichts über die Qualität aus.

Aufbewahrung und Haltbarkeit

Frühwirsing und Pak Choi sollten rasch nach dem Kauf verbraucht und höchstens drei Tage im Kühlschrank (Gemüsefach) gelagert werden. Herbst- und Winterwirsing hält bis zu einer Woche. Chinakohl überdauert in Folie eingeschlagen bis zu zwei Wochen im Gemüsefach. Kohl eignet sich blanchiert gut zum Einfrieren.

Küchentipps

Welke Blätter entfernen, anschließend waschen. Kohl in Stücke zerteilen, Strunk herausschneiden, Kohl streifig schneiden und in wenig Salzwasser bissfest garen. Gegen strengen Geruch helfen Kümmel im Kochwasser und ein Topf mit gut schließendem Deckel. Mit Kümmel zubereitet wird Wirsing zudem bekömmlicher. Falls Sie den Kümmel nicht mitessen wollen, geben Sie ihn in einem Säckchen in das Kochwasser. Wirsing schmeckt u.a. als Suppe, im Eintopf, gedünstet als Beilage und als Kohlroulade. Speck verstärkt den Kohlgeschmack, etwas Obers macht den Geschmack milder. Chinakohl und Pak Choi eignen sich roh sehr gut für Salate und gegart als Gemüse. Die fleischigen Blattrippen von Pak Choi lassen sich z.B. so wie Spargel zubereiten, die Blätter in kochendem Wasser garen oder dünsten. Chinakohl und Pak Choi schmecken auch im Wok zubereitet hervorragend.

Nährwert und Inhaltsstoffe

Wirsing liefert je 100 Gramm 25 kcal. Er enthält reichlich Ascorbigen, das beim Erhitzen Vitamin C entwickelt sowie Vitamin K und Folsäure, Kalium, Kalzium und Eisen. Chinakohl hat mit rund 95 Prozent einen höheren Wassergehalt als Wirsing (rund 90 Prozent), ist energieärmer (in 100 Gramm stecken gerade einmal 12 kcal) und auch etwas nährstoffärmer. Dennoch ist auch Chinakohl ein sehr guter Lieferant für Vitamin C, K und Folsäure. Pak Choi ist vergleichsweise reich an Folsäure, Vitamin C und B-Vitaminen. In Kohl enthaltene Senföle (Glucosinolate) senken das Risiko für bestimmte Krebserkrankungen.

Zahlen und Fakten

Pro-Kopf-Verbrauch (Kohl, Chinakohl u.ä.): 4,1 kg
Selbstversorgungsgrad: 88 Prozent
Wirsing wird bei uns insbesondere im Burgenland, in Ober- und Niederösterreich, Chinakohl in der Steiermark, dem Burgenland und in Tirol angebaut.
Quelle: Statistik Austria

Kraut (Weiß- und Rotkraut)

So wie andere Kohlsorten stammt wahrscheinlich auch Kraut vom Wildkohl ab, der u.a. im Mittelmeerraum und an der europäischen Atlantikküste wächst. Weißkraut (auch Weißkohl genannt) bildet einen flachrunden, runden oder spitzen Kopf aus weißen bis hellgrünen Blättern. Spitzes Kraut gilt dabei als die zartere Variante. Bei früh reifenden Sorten (Frühkraut) sind die Blätter intensiver grün, stärker gewellt und lockerer übereinander gelagert, als bei später reifenden Weißkrautsorten. Für die Sauerkrauterzeugung bestimmtes Weißkraut wird im Herbst geerntet, gehobelt, gesalzen und vergoren. Rotkraut ist mit Weißkraut eng verwandt und hat einen noch etwas festeren Kopf. Egal, ob weiß oder rot: Krautköpfe sind mitunter ganz schön gewichtig. Sie können bis zu zwei Kilo schwer werden.

Saison

Kraut hat von Juni bis Ende Oktober Saison. Gelagertes Kraut ist üblicherweise von November bis Ende Februar erhältlich.
Quelle: Umweltberatung

Einkauf

Kraut guter Qualität hat einen festen Kopf mit eng anliegenden, matt glänzenden Blättern, und ist frei von Fraß- und Schlagstellen. Frühes Weißkraut hat einen lockereren Kopf als Kraut der Herbstsorten.

Aufbewahrung und Haltbarkeit

Angeschnittenes Kraut hält mit Frischhaltefolie bedeckt im Kühlschrank (Gemüsefach) rund eine Woche. Späte Sorten können als Lagergemüse einige Monate in einem kühlen Keller aufbewahrt werde. Kraut eignet sich blanchiert oder bereits fertig zubereitet gut zum Einfrieren.

Küchentipps

Damit die wertvollen Inhaltsstoffe weitgehend erhalten bleiben, erst kurz vor dem Garen mit dem Zubereiten beginnen: Äußere Blätter entfernen, Krautkopf waschen und zerteilen, Strunk und dicke Blattrippen entfernen, Kraut fein schneiden und je nach Rezept garen oder roh weiter verarbeiten. Vor dem Schneiden von Rotkraut Schneidbrett und andere Arbeitsgeräte anfeuchten, damit sie nicht so stark eingefärbt werden. Der in Rotkraut enthaltene Farbstoff Anthozyan ist hartnäckig und schlecht zu entfernen. Hände mit Zitronensaft abreiben. Damit Rotkraut dann beim Kochen nicht ausbleicht: Mit einem Schuss Essig im Kochwasser erhält es die typische, dunkelviolette Farbe. Kraut schmeckt roh oder blanchiert als Salat, geschmort als Gemüse, gefüllt mit Faschiertem oder Gemüse als Roulade. Für die Zubereitung von Rouladen sollten Sie den ganzen Krautkopf in kochendem Wasser garen. Gekocht lösen sich die Blätter leichter vom Kopf. Mit Kraut lassen sich zudem Suppen, Gulasch und Eintopfgerichte zubereiten und natürlich auch Strudel pikant füllen. Kümmel macht Kraut leichter verdaulich.

Nährwert und Inhaltsstoffe

Weißkraut liefert je 100 Gramm 25 kcal. Es enthält reichlich Vitamin K, Vitamin C, Folsäure und die Mineralstoffe Kalium und Magnesium. Rotkraut hat einen ähnlichen Energiegehalt (22 kcal je 100 Gramm) wie Weißkraut und ist diesem in Bezug auf die Inhaltsstoffe geringfügig überlegen. Der Farbstoff Anthozyan verleiht dem Rotkraut seine typische Farbe. So wie andere Kohlarten enthält Kraut eine Vorstufe von Vitamin C (Ascorbigen). Wird es erhitzt, bildet sich Vitamin C. Der typische Krautgeschmack wird von Glucosinolaten (Senfölen) verursacht. Glucosinolate zählen zu den sekundären Pflanzenstoffen. Ihnen wird eine krebsvorbeugende und anti-mikrobielle Wirkung zugeschrieben.

Zahlen und Fakten

Pro-Kopf-Verbrauch: 6,8 kg
Selbstversorgungsgrad: 89 Prozent
Kraut wird bei uns insbesondere in Niederösterreich, Oberösterreich und der Steiermark angebaut. Zuletzt wurde Kraut (inklusive etlicher weiterer Kohlarten) vor allem aus Deutschland, Italien und Spanien importiert.
Quelle: Statistik Austria

Kürbisse

Kürbisse gibt es platt, rund, oval, länglich, flaschenförmig, so klein wie ein Handteller oder über einen Meter lang, mit weißer, gelber, oranger, grüner, gesprenkelter oder gestreifter Schale, mit weißem, gelbem, hellgrünem oder orangem Fruchtfleisch – botanisch gesehen sind sie alle Beeren. Anders als Sommerkürbisse (z.B. Zucchini), die kurz nach der Blüte geerntet werden, werden Winterkürbisse vollreif geerntet. Bekannte Sorten sind u.a. der Riesenkürbis, Butternusskürbis, Eichelkürbis, Hokkaido oder auch der Spaghettikürbis. Kürbisse werden bei uns vor allem in Niederösterreich, Oberösterreich und der Steiermark angebaut.

Saison

August bis einschließlich Oktober. Von November bis in den März hinein gibt es heimischen Kürbis als Lagerware.
Quelle: Umweltberatung

Einkauf

Reife Kürbisse klingen hohl, wenn man auf ihre Schale klopft, ihr Stiel ist verholzt. Die Schale sollte glatt und unversehrt sein, die Schnittflächen aufgeschnitten verkaufter Kürbisstücke saftig sein und frisch aussehen.

Aufbewahrung und Haltbarkeit

Angeschnittene Kürbisse halten im Kühlschrank (Gemüsefach) bis zu drei Tagen; Schnittfläche mit Folie abdecken! Ganze Kürbisse sind in der Regel länger haltbar. Sie können im Keller bei optimalen Bedingungen mehrere Monate aufbewahrt werden. Geschnitten oder als Mus lassen sich Kürbisse gut einfrieren.

Küchentipps

Waschen, mit einem scharfen Messer halbieren, Kerne und Fasern aus dem Inneren mit einem Löffel schaben, den Kürbis in Stücke schneiden und die Schale entfernen. Die Schale ist nur bei manchen Sorten, z.B. bei Hokkaido-Kürbissen, genießbar. Kürbis schmeckt als Suppe, Eintopf, paniert, als Beilage, Auflauf, gefüllt, als Chutney, als Marmelade, als Kuchen. Spaghettikürbis wird unzerteilt in Wasser gekocht, danach halbiert, das fadenförmige Fruchtfleisch herausgelöffelt und wie Spaghetti gegessen.

Nährwert und Inhaltsstoffe

100 Gramm Kürbis liefern 25 kcal. Aufgrund des hohen Wassergehalts (rund 91 Prozent) ist der Vitamingehalt generell nicht sehr hoch. Doch in manchen Sorten (z.B. Hokkaido-Kürbis) steckt mehr Betacarotin (aus diesem bildet sich im Körper Vitamin A) als in Karotten. In Kürbissen ist zudem reichlich Kalium und Eisen enthalten.

Mangold

Mangold ist botanisch gesehen eine Kulturform der Rübe. Seine langstieligen Blätter werden als Gemüse gegessen. Blatt- oder Schnittmangold hat schmale Rippen und breite Blätter und wird wie Spinat verwendet. Bei Stiel- oder Rippenmangold werden die Stängel separat genutzt, geschält und so wie Spargel oder Schwarzwurzel zubereitet. Sowohl Blatt- als auch Stielmangold gibt es mit roten, orangen, weißen, cremefarbenen oder grünen Blattstielen.

Saison

Mangold hat von Mai bis Ende November Saison.
Quelle: Umweltberatung

Einkauf

Frischer Mangold hat knackige Stiele und Blätter ohne braune Flecken.

Aufbewahrung und Haltbarkeit

Mangold welkt rasch und sollte daher am besten gleich nach dem Einkauf zubereitet oder zumindest kühl gelagert werden. In ein feuchtes Tuch eingeschlagen hält er im Kühlschrank (Gemüsefach) bis zu zwei Tagen. Blanchiert eignet er sich gut zum Einfrieren.

Küchentipps

Die Blätter gründlich einzeln waschen und auf Küchenpapier abtropfen lassen. Rippen und Blätter von Stielmangold haben unterschiedliche Garzeiten und müssen daher getrennt zubereitet werden. In Stücke geschnittene Stiele sind in Öl gedünstet in rund zehn bis fünfzehn Minuten gar. Ungefähr vier bis fünf Minuten vor Ende der Garzeit die zerkleinerten Blätter hinzufügen. Blattmangold wird wie Spinat zubereitet. Mangold schmeckt gedünstet als Gemüsebeilage, als Suppe, im Strudel, in Aufläufen ... Junge Mangoldblätter schmecken auch roh als Salat.

Nährwert und Inhaltsstoffe

In 100 Gramm Mangold stecken gerade einmal 25 kcal, doch viel Provitamin A, Vitamin K, B2, C, Folsäure, Kalium, Kalzium, Magnesium und Eisen. Mangold speichert Nitrat. Damit sich das Nitrat nicht zu kanzerogenem Nitrit umwandelt, sollte zubereiteter Mangold nicht warm gehalten, sondern rasch verbraucht werden. Vitamin C (z.B. Zitronensaft als Marinade oder ein Glas Orangensaft zum Essen) hält die Nitritbildung hintan.

Melanzani (Auberginen)

Die ursprünglich aus Indien stammenden Melanzani gibt es in vielerlei Formen und Farben: von cremeweiß über gelblich bis blauviolett und schwarz, rund, ei-, keulen- oder schlangenförmig, einige Zentimeter groß oder bis zu einem Meter lang. Bei uns sind vor allem länglich ovale, violette Melanzani erhältlich.

Saison

Melanzani haben von Juli bis einschließlich Oktober Saison.
Quelle: Umweltberatung

Einkauf

Zu früh geerntete Melanzani sind hochglänzend und hart und enthalten größere Mengen giftiges Solanin, das Kopfschmerzen und Übelkeit hervorrufen kann. Reife Melanzani haben eine seidig matt schimmernde Schale und geben auf Fingerdruck leicht nach. Ihr Fruchtfleisch ist weiß und fest, die Samenkörner weich und milchig-weiß. Ein vertrockneter Stiel, runzelige Haut und braune Samenkörner sind Zeichen von Überreife.

Aufbewahrung und Haltbarkeit

Bei Temperaturen zwischen zehn und dreizehn Grad halten Melanzani bis zu zehn Tage, bei weniger als fünf Grad gelagert, bekommen sie dunkle Flecken. Unreife Früchte reifen bei Zimmertemperatur nach. Vorsicht: Melanzani sind sehr ethylenempfindlich und sollten daher nicht neben Paradeisern, Äpfeln oder Bananen gelagert werden.

Küchentipps

Melanzani eignen sich nicht zum Rohessen. Solanin und Bitterstoffe, die auch in reifen Früchten noch enthalten sind, verflüchtigen sich erst während des Garprozesses. Melanzani schmecken gegrillt, gebraten, gefüllt, als Zutat in Gemüseeintöpfen, als Auflauf, als Püree ... Melanzani saugen stark Fett. Scheiben vor dem Braten auf beiden Seiten mit Salz bestreuen. Liegen lassen, bis sich kleine Tröpfchen gebildet haben. Danach trockentupfen und mit wenig Öl braten. Einmal aufgeschnitten, verfärbt sich das Fruchtfleisch rasch braun. Mit Zitronensaft beträufelt, bleibt es hell.

Nährwert und Inhaltsstoffe

100 Gramm Melanzani enthalten nur 17 kcal, doch sie liefern reichlich Kalium.

Zahlen und Fakten

Melanzani werden bei uns in geringen Mengen (in erster Linie in Wien und Oberösterreich) angebaut. Importware stammte zuletzt vor allem aus Spanien, den Niederlanden und der Türkei.
Quelle: Statistik Austria

Paprika und Pfefferoni

Paprika werden zwar Schoten genannt, doch botanisch sind sie (wie z.B. Gurken) Beeren. Zu Beginn des 16. Jahrhunderts wurden Paprika aus ihrer ursprünglichen Heimat, Mittel- und Südamerika, nach Europa gebracht. Um zu gedeihen, brauchen Paprika viel Licht und Wärme. Bei uns muss ihr Anbau daher weitgehend geschützt erfolgen. Heimische Glashausware ist bereits zu Frühjahrsbeginn erhältlich. Paprika gibt es größer oder kleiner, eckig, rund, länglich oder spitz, grün, gelb, rot, weiß, violett, braun oder schwarz. Ihre Formen- und Farbenvielfalt ist enorm. Doch im Wesentlichen ist zwischen größeren und milderen Gemüsepaprika und kleineren, schärferen Gewürzpaprika (Pfefferoni, Chili) zu unterscheiden. Je kleiner die Pfefferoni, desto schärfer kann sie sein. Der Stoff Capsaicin, der die Schärfe verursacht, sitzt vor allem in den weißen Innenwänden und den Kernen. Durch ihr Entfernen lässt sich die Schärfe reduzieren. Grüne, aber auch violette oder schwarze Paprika sind unreif geerntet und schmecken eher herb. Lässt man diese Früchte länger an der Pflanze, werden sie rot, orange, gelb, weiß oder braun. Manche Sorten reifen auch über mehrere Farbstufen. Rote und gelbe Paprika schmecken süß.

Saison

Paprika haben von Juni bis Oktober Saison.
Aus dem Glashaus gibt es sie ab Anfang März.
Quelle: Umweltberatung, Agrarmarkt Austria (AMA)

Einkauf

Paprika sollten beim Kauf fest, ihre Haut glänzend, glatt und unversehrt sein. Paprika mit runzeligem Stielansatz und schrumpeliger Haut sind überlagert.

Aufbewahrung und Haltbarkeit

Grüne Paprika halten im Kühlschrank (Gemüsefach) bis zu vier Tage. Rote, gelbe oder weiße Schoten sind empfindlicher und sollten nicht länger als zwei Tage im Gemüsefach gelagert werden. Paprika eignen sich roh oder zubereitet zum Einfrieren.

Küchentipps

Schoten zum Zubereiten waschen, trockentupfen und aufschneiden. Stielansatz sowie die weißen Trennwände und die Kerne entfernen (außer bei Pfefferoni, die Schärfe liefern sollen; bei diesen nach dem Schneiden nicht ins Gesicht langen; sofort die Hände waschen!). Grüne oder weißliche Schoten haben eine sehr zarte Haut, rote oder gelbe Paprika können gehäutet werden: dazu die geputzten und in Viertel geschnittenen Schoten mit der Schnittfläche auf den Rost unter den auf höchste Stufe vorgeheizten Grill legen, bis sich die Haut dunkelbraun färbt und Blasen wirft. Schoten vom Grill nehmen, mit einem feuchten Tuch abdecken und auskühlen lassen. Danach lässt sich die Haut gut abziehen. Oder: die Haut der rohen Paprika mit einem Sparschäler entfernen. Paprika schmecken roh im Salat, gebraten oder gedünstet als Gemüse, gefüllt, mariniert, süß-sauer eingelegt ...

Nährwert und Inhaltsstoffe

Paprika sind sehr kalorienarm. 100 Gramm liefern lediglich 19 kcal. Ihr Gehalt an Vitaminen und Mineralstoffen ist allerdings imposant: In Paprikaschoten steckt mehr Vitamin C als in Zitronen oder Orangen, und in roten obendrein mehr als in grünen Schoten. Dazu kommt noch Provitamin A (ebenfalls vor allem in roten Schoten enthalten), viel Vitamin E, B6 und Folsäure. Zudem sind Paprika reich an Kalium.

Zahlen und Fakten

Pro-Kopf-Verbrauch: 4,9 kg
Selbstversorgungsgrad: 38 Prozent
Heimische Paprika werden überwiegend bunt geerntet und stammen großteils aus den Bundesländern Wien, Niederösterreich und dem Burgenland. Ihr Anbau erfolgt weitgehend geschützt, unter Folie beziehungsweise im Glashaus. Pfefferoni werden bei uns vor allem in der Steiermark, Oberösterreich und Wien produziert.
Importware stammte zuletzt großteils aus Spanien, der Türkei, den Niederlanden, Ungarn und Israel.
Quelle: Statistik Austria

Paradeiser (Tomaten)

Paradeiser gelangten um 1500 mit spanischen Seefahrern von Mittel- und Südamerika nach Europa, wo sie vorerst vor allem als Zierpflanze verwendet wurden. Heute sind sie – mit Abstand – unser liebstes Gemüse. Die Sortenvielfalt ist enorm: Es gibt unter anderem rote, gelbe, grüne, orange, violette, schwarze, weiße, einfärbige, gestreifte, runde, ovale, birnenförmige, glatte, gerippte, große und kleine Tomaten. Runde Paradeiser zählen zu den bekanntesten Sorten. Sie sind säuerlich-aromatisch, schmecken roh und in Salaten. Mitsamt Stiel und Stängeln angebotene Rispentomaten sind ebenfalls sehr aromatisch und am besten roh zu genießen. Fleischtomaten haben große Früchte, besonders viel Fruchtfleisch, mehr Fruchtkammern und weniger Kerne als runde Tomaten. Sie eignen sich sehr gut zum Kochen. Eiertomaten sind länglich-oval und enthalten ebenfalls viel Fruchtfleisch. Sie sind kernarm, lassen sich leicht schälen, haben ein süßes Aroma und schmecken unter anderem im Salat, gegrillt oder als Pizzabelag. Cocktailtomaten sind die kleinsten Tomaten.

Saison

Paradeiser haben von Juni bis Ende Oktober Saison. Aus geschütztem Anbau (unter Glas/Folie) gibt es sie laut Agrarmarkt Austria ab März bis Ende November. Quelle: Umweltberatung, AMA

Einkauf

Frische Paradeiser sind prall und fest und sollten eine unversehrte Haut ohne Faulstellen haben. Voll ausgereifte Früchte sind sehr druckempfindlich: Vorsichtig transportieren und am besten gleich verbrauchen.

Aufbewahrung und Haltbarkeit

Tomaten sind sehr kälteempfindlich. Im Kühlschrank verlieren sie an Aroma, werden hart und glasig. Bei Zimmertemperatur und am besten dunkel gelagert, halten sie bis zu fünf Tage. Unreife Paradeiser reifen zwar bei Raumtemperatur nach, doch ihr volles Aroma entwickeln sie dabei nicht mehr. Vorsicht: Paradeiser sind starke Ethylenausscheider. Werden sie neben anderem Gemüse oder Obst aufbewahrt, fördern sie den vorzeitigen Verderb. Zum Einfrieren Paradeiser einritzen, mit kochendem Wasser übergießen, häuten, aufschneiden, Stielansätze entfernen, eventuell noch pürieren und in einen Behälter oder ein Tiefkühlsäckchen füllen. Daraus lassen sich später sehr gut Soßen oder Suppen zubereiten.

Küchentipps

Tomaten schmecken roh, in Suppen, Soßen, Salaten, gedünstet, gegrillt, geschmort, überbacken oder gefüllt, als Chutney, Saft, eingelegt, getrocknet, als Pesto ... Der grüne Stielansatz von Paradeisern enthält in kleinen Mengen giftiges Solanin, das Kopfschmerzen und Übelkeit verursachen kann. Außer bei Kirschtomaten sollte der Stielansatz von Paradeisern entfernt werden. Auch unreife, grüne Tomaten sind solaninhaltig. Es gibt aber auch grüne Tomatensorten. Diese sind, wenn sie voll ausgereift sind, genau so genießbar wie alle anderen.

Nährwert und Inhaltsstoffe

Paradeiser sind sehr kalorienarm. In 100 Gramm stecken gerade einmal 17 kcal. Doch sie liefern reichlich Mineralstoffe (insbesondere Kalium und Magnesium) sowie Vitamin C, Provitamin A (Betacarotin), Vitamin E, Folsäure und zellschützendes Lycopin.

Zahlen und Fakten

Pro-Kopf-Verbrauch: 25,3 kg
Selbstversorgungsgrad: 19 Prozent
Paradeiser werden überwiegend in den Bundesländern Wien, Burgenland, Niederösterreich und Steiermark und großteils geschützt, unter Glas beziehungsweise Folie, produziert. Ungefähr zwei Drittel der bei uns erzeugten Tomaten sind kleinfruchtigere Rispentomaten. Sie werden in erster Linie in Wien kultiviert.
Paradeiser wurden zuletzt vor allem aus Italien, Spanien, den Niederlanden, Deutschland und Marokko importiert.
Quelle: Statistik Austria

Pastinaken

Pastinaken waren in unseren Breiten lange Zeit eines der wichtigsten Nahrungsmittel. Doch im 18. Jahrhundert wurden die bräunlichen Wurzelrüben von Karotten und Kartoffeln verdrängt. Während der letzten Jahre sind Pastinaken als Gemüse wieder etwas bekannter geworden und werden auch in der gehobenen Gastronomie öfters einmal verwendet. Pastinaken sind meistens um die zwanzig Zentimeter lang, sind außen gelblich-braun bis hellbraun, haben dunkle, ringförmige Streifen und sind innen fleischig. Sie sind würzig und schmecken nussig-süßlich. Je kleiner sie sind, desto feiner sind sie auch in der Regel.

Saison

Pastinaken haben im September und Oktober Saison und sind danach bis in den April hinein als heimische Lagerware erhältlich.
Quelle: Umweltberatung

Einkauf

Pastinaken sollten eine straffe und feste Haut haben und weder beschädigt noch schrumpelig sein. Kleine Wurzeln sind meist die bessere Wahl, ausgewachsene Pastinaken oft holzig.

Aufbewahrung und Haltbarkeit

Dunkel, luftig und kühl aufbewahrt, sind Pastinaken sehr gut lagerfähig.

Küchentipps

Pastinaken können ähnlich wie Karotten oder Sellerie roh oder gekocht gegessen werden. Unter fließendem Wasser mit der Bürste säubern und dünn schälen. Rohe Pastinaken schmecken geraspelt sehr gut in Salaten. In kochendem Salzwasser sind in Würfel oder Scheiben geschnittene Pastinaken in etwa in zehn Minuten gar. Pastinaken schmecken als Püree, als Suppe, gedünstet oder gebacken als Gemüse, in kleine Stücke geschnitten frittiert ...

Nährwert und Inhaltsstoffe

100 Gramm Pastinaken enthalten 22 kcal. Sie liefern zudem Folsäure, Vitamin K und Vitamin C, Kalium, Kalzium, Magnesium, Zink und Mangan.

Radieschen

Knackig frisch und würzig-scharf – so sollen Radieschen sein. Bei uns gängige Sorten sind rund und rot. Doch es gibt auch Radieschen mit länglich ovalen oder zylindrisch geformten Knollen, und nicht nur rote, sondern auch weiße, gelbe oder zweifärbige (z.B. halb weiß, halb rot). Das Fleisch der üblicherweise etwa zwei Zentimeter großen Knollen ist weiß bis leicht rosafarben. Wesentlich imposanter: die „Riesen von Aspern", eine alte Radieschensorte, die jetzt wieder zu Ehren gekommen ist. Diese „Riesen von Aspern" erreichen einen Knollendurchmesser von bis zu sechs Zentimetern, sind saftig und dezent scharf. Ihren charakteristischen Geschmack verdanken Radieschen einem enthaltenen Senföl.

Saison

Radieschen haben von April bis Ende Oktober Saison. Im Erwerbsanbau werden sie bei uns vor allem im Burgenland und in Tirol produziert. Quellen: Umweltberatung, Statistik Austria

Einkauf

Frische Radieschen sind prall und fest, ihre Blätter grün. Überlagerte Ware ist an gelben Blättern und aufgeplatzter Haut leicht zu erkennen.

Aufbewahrung und Haltbarkeit

Radieschen schmecken frisch am besten. Werden sie nicht gleich gegessen, dann vor der Lagerung im Kühlschrank das Laub entfernen und die Radieschen in ein feuchtes Tuch einschlagen, damit der Wasserverlust gering bleibt. Ganze Radieschen lassen sich auffrischen, wenn man sie vor dem Essen kurz in kaltes Wasser legt.

Küchentipps

Waschen, Blätter und Wurzel entfernen. Radieschen werden vor allem roh gegessen. Sie schmecken als Beilage auf kalten Platten, als Salat, in Scheiben geschnitten am Butterbrot, aber auch gegart als Gemüse oder als Suppe ... Beim Garen verschwindet ihr Rot weitgehend.

Nährwert und Inhaltsstoffe

Radieschen bestehen zu über 94 Prozent aus Wasser und sind dementsprechend kalorienarm. In 100 Gramm stecken gerade einmal 14 kcal. Radieschen sind gute Mineralstofflieferanten (vor allem von Kalium und Eisen) und enthalten zudem reichlich Vitamin C und K.

Rote Rüben

Nachdem Rote Rüben lange Zeit vor allem als Salat konsumiert wurden, sind jetzt auch andere Zubereitungsarten wieder groß im Kommen. Die runden bis länglichen Knollen sind außen und innen braunrot bis tief dunkelrot gefärbt, saftig und haben einen aromatisch-erdigen Geschmack. Raritäten: Sorten mit weißem, gelbem oder rot-weiß geringeltem Fruchtfleisch.

Saison

Rote Rüben haben von Juli bis Ende Oktober Saison. Danach gibt es sie bis zur nächsten Saison als heimische Lagerware. Quelle: Umweltberatung

Einkauf

Rote Rüben sollten beim Einkauf prall und fest, ihre Schale braunrot bis tiefrot und unverletzt sein, weder Flecken noch Druckstellen haben. Kleine Knollen sind oft saftiger als größere.

Aufbewahrung und Haltbarkeit

Rote Rüben halten im Kühlschrank (Gemüsefach) ein bis zwei Wochen. Damit sie nicht austrocknen, in Papier oder Folie wickeln.

Küchentipps

Eventuell noch vorhandene Blätter abdrehen. Darauf achten, dass die Schale nicht verletzt wird, damit die Rübe nicht ausblutet. Gründlich waschen, mitsamt der Schale garen, mit kaltem Wasser abschrecken. Zum Schälen und Schneiden besser Handschuhe verwenden, Schneidbrett in kaltes Wasser tauchen, damit der Saft nicht so leicht einzieht. Flecken in Stoffen sofort mit Waschmittel in heißem Wasser auswaschen. Rote Rüben schmecken roh und geraspelt als Salat, gegart als Gemüse, als Suppe, in Folie gebacken, süß-sauer eingelegt ...

Nährwert und Inhaltsstoffe

Rote Rüben sind vor allem reich an Folsäure, Kalium, Magnesium, Eisen und Kupfer und liefern je 100 Gramm 41 kcal. Rote Rüben speichern Nitrat. Vitamin C (z.B. Zitronensaft als Zutat, Orangensaft zum Essen) verhindert, dass sich aus Nitrat kanzerogenes Nitrosamin bildet.

Zahlen und Fakten

Pro-Kopf-Verbrauch: 1,3 kg
Selbstversorgungsgrad: 81 Prozent
Erwerbsmäßig werden rote Rüben werden bei uns vor allem in Nieder-, Oberösterreich und der Steiermark angebaut. Quelle: Statistik Austria

Salate

Blattgemüse, das in erster Linie als Salat verwendet wird, gibt es in Hülle und Fülle. In der Gruppe der Kopfsalate sind Grüner oder Häuptelsalat und Eis(berg)salat eindeutig am bekanntesten. Gemeinsam nehmen sie Rang vier in der Reihung der hierzulande am meisten konsumierten Gemüse ein. Häuptelsalat hat relativ weiche Blätter, welkt rasch und schmeckt eher neutral. Eisbergsalat hat knackig-feste Blätter und punktet mit langer Haltbarkeit. Bataviasalat ist eine Sorte des Eissalats und liegt in Größe, Blattfestigkeit und Haltbarkeit zwischen Grünem und Eissalat. Pflück- oder Blattsalate bilden keinen Kopf, sondern werden blattweise geerntet. Bekannte Vertreter sind u.a. Lollo rosso und Lollo bionda. Sie haben stark gekrauste, dunkelrote bzw. hellgrüne Blätter und einen nussigen, zartbitteren Geschmack. Auch der würzig-scharfe Rucola mit seinen Löwenzahnähnlichen Blättern zählt zu den Pflücksalaten. Chicoree-Salate, wie z.B. der blassgelbe bis zartgrüne oder der rote Chicoree, der rot-blättrige Radicchio mit den weißen Blattadern oder die Endivie mit ihren dunkelgrünen Blättern schmecken ebenfalls leicht bitter.

Saison

Kopf- und Pflücksalate haben von Mai bis Ende Oktober, Chicoree-Salate von Oktober bis Ende März Saison.
Quelle: Umweltberatung, AMA

Einkauf

Salat muss beim Einkauf knackig frische, unversehrte Blätter haben, die Schnittstelle von Kopf- und Chicoree-Salaten hell und feucht sein. Welke, fleckige Blätter und verfärbte Blattränder weisen auf Überlagerung hin.

Aufbewahrung und Haltbarkeit

Salat am besten nur kurz lagern. Je zarter die Blätter, desto schneller beginnen sie zu welken oder zu faulen. Salat hält im Kühlschrank (Gemüsefach) je nach Art max. zwei (Rucola), drei (Häuptel-, Endiviensalat, Lollo rosso), fünf (Radicchio), sieben Tage (Chicoree) oder bis zu zwei Wochen (Eisberg-

salat). Chicoree ist zudem lichtempfindlich. Dem Licht ausgesetzt, wird er bitterer. Auch zu Hause daher lichtgeschützt aufbewahren.

Küchentipps

Grobe (bzw. äußere) Blätter und gegebenenfalls den Strunk und dicke Blattrippen entfernen. Salat gründlich waschen, aber nicht im Wasser liegen lassen, weil sonst Nährstoffe verloren gehen. Danach gut trocknen (am besten mit einer Salatschleuder), damit das Dressing gut haftet, und zerkleinern. Erst kurz vor dem Servieren marinieren, damit er auch bei Tisch noch knackig frisch ist. Kopf- und Pflücksalate werden hauptsächlich roh gegessen. Chicoree und Radicchio schmecken auch sehr gut gegart als Gemüse oder als Gratin. Damit sich die Blätter nicht braun bzw. grau verfärben, mit Zitronensaft beträufeln. In gusseisernen Töpfen verfärbt sich Chicoree zudem schwarz.

Nährwert und Inhaltsstoffe

Salate haben samt und sonders einen hohen Wassergehalt (bis zu rund 95 Prozent) und sind sehr kalorienarm. Sie liefern je 100 Gramm durch die Bank weniger als 25 kcal (im Detail: Häuptelsalat 11 kcal, Eisbergsalat und Radicchio je 13 kcal, Endivie 11 kcal, Chicoree 16 kcal, Rucola 24 kcal). Dennoch stecken in Salaten erstaunlich viele Vitamine und Mineralstoffe. Kopfsalat ist vor allem reich an Vitamin A, K, B-Vitaminen, Folsäure und Kalium. Rucola liefert reichlich Vitamin C. Chicoree punktet mit einem hohen Gehalt an Folsäure, Provitamin A, Vitamin K und C, Radicchio mit einem hohen Gehalt an Betacarotin, Vitamin K, C, Eisen und Mangan, Endivie mit viel Provitamin A, Folsäure, Pantothensäure, Vitamin K, C, Eisen und Kalium. Kopfsalate und Rucola haben allerdings auch eine hohe Nitratspeicherkapazität. Endivie zählt ebenfalls zu den Nitrat speichernden Pflanzen. Im Sommer in Freilandkultur gezogener Salat ist weniger belastet als Ware aus dem Glashaus!

Zahlen und Fakten

Pro-Kopf-Verbrauch: Häuptel- und Eissalat 6,4 kg, sonstige Salate 3,3 kg
Selbstversorgungsgrad: Häuptel- und Eissalat 79 Prozent, sonstige Salate 20 Prozent
Salate werden bei uns vor allem in Oberösterreich, Wien, Tirol und Niederösterreich erwerbsmäßig angebaut. Die wichtigsten Importländer sind Italien und Spanien.
Quelle: Statistik Austria

Sellerie (Zeller)

Die beiden bekanntesten Selleriearten sind Knollensellerie und Stangensellerie. Knollensellerie, auch Wurzelsellerie genannt, ist eine verdickte, etwa faustgroße, halbrunde bis runde Wurzel mit einer rauen, gelbbraunen Schale und weißem bis cremefarbenem Fruchtfleisch. Knollensellerie hat einen ausgeprägten, würzigen Geschmack. Stangen- oder Staudensellerie wächst oberirdisch. Die Pflanze bildet nur kleine Wurzelknollen aus und besteht aus mehreren, weißen, gelblichen oder zartgrünen Blattstielen, die etwas milder als Knollensellerie schmecken.

Saison

Knollensellerie hat von Juli bis inklusive Oktober Saison und ist danach als heimische Lagerware erhältlich. Saison für Stangensellerie ist Juni bis Ende Oktober. Quelle: Umweltberatung

Einkauf

Frische, qualitativ gute Knollensellerie fühlt sich fest an, hat eine straffe Oberfläche und eine unversehrte Schale. Das Innere ist weder holzig noch hohl. Gute Stangensellerie ist knackig, hat helle, saftige Schnittstellen.

Aufbewahrung und Haltbarkeit

Knollensellerie hält im Kühlschrank (Gemüsefach) bis zu zwei Wochen, Staudensellerie bis zu acht Tagen.

Küchentipps

Knollensellerie ca. einen halben Zentimeter dick schälen. Sie schmeckt roh geraspelt im Salat, geschnitten in Salzwasser gegart (mit etwas Zitronensaft bleibt sie hell) als Gemüse, als Püree, als Suppe ... Je kleiner geschnitten, desto intensiver das Aroma. Stangensellerie schmeckt roh in pikante Soßen gedippt, in Butter gegart oder im Wok zubereitet als Gemüse ...

Nährwert und Inhaltsstoffe

Knollensellerie liefert je 100 Gramm 19 kcal und reichlich Vitamin B6, Vitamin K, Kalium und Kalzium. 100 Gramm Staudensellerie enthalten 15 kcal und reichlich Provitamin A, Vitamin K, Kalium und Kalzium.

Zahlen und Fakten

Pro-Kopf-Verbrauch: 1,4 kg
Selbstversorgungsgrad: 102 Prozent
Sellerie wird vor allem in Nieder-, Oberösterreich und dem Burgenland produziert. Quelle: Statistik Austria

Spargel

Weiß, violett oder grün – die Farbe hängt beim edlen Spargel nicht von der Sorte, sondern der Art des Anbaus ab: Weißer Spargel wird in Hügelbeeten gezogen und gestochen, bevor er mit der Sonne in Berührung kommt. Auf diese Art bleibt auch sein Kopf weiß. Durchbricht der Kopf das Erdreich, verfärbt er sich in der Sonne erst rosa, dann violett und schließlich grün. Grüner Spargel wächst über der Erde in flachen Beeten. Besonders bekannt ist der von der EU mit g.g.A. (geschützte geografische Angabe) registrierte Marchfeld-Spargel. Nur Spargel aus dieser Region, der nach vorgegebenen Kriterien produziert wird, darf mit dieser Kennzeichnung vermarktet werden.

Saison

April bis Ende Juni.
Quelle: Umweltberatung

Einkauf

Qualitativ guter Spargel hat gleichmäßige, gerade, pralle und unversehrte Stangen, saftige Schnittstellen und ist nicht braun verfärbt. Die Köpfe von weißem Spargel sollten zudem geschlossen sein, die Haut glänzen.

Aufbewahrung und Haltbarkeit

Spargel hält im Kühlschrank (Gemüsefach) in ein feuchtes Tuch eingeschlagen bis zu vier Tage, sollte aber dennoch möglichst bald nach dem Kauf zubereitet werden. Grünspargel ist weniger haltbar als weißer.

Küchentipps

Stangen waschen, Schalen bei weißem Spargel ab dem Kopf, bei grünem Spargel vom unteren Drittel entfernen (nicht weiter verwenden). Holzige Enden wegschneiden. Stangen gebündelt in Wasser mit einer Prise Salz und Zucker (bei weißem Spargel auch etwas Zitronensaft) garen. Grüner Spargel ist schneller gar als weißer. Spargel schmeckt als Salat (auch roh), als Suppe, als Gemüse mit Soße oder zerlassener Butter, als Auflauf ...

Nährwert und Inhaltsstoffe

Spargel ist reich an Nährstoffen (u.a. Kalium, Magnesium, Eisen, Provitamin A, Vitamin K, C, B-Vitamine, Folsäure) und arm an Kalorien: In 100 Gramm stecken nur 18 kcal. Grüner Spargel ist nährstoffreicher als weißer.

Zahlen und Fakten

Pro-Kopf-Verbrauch: 0,6 kg
Selbstversorgungsgrad: 41 Prozent
Spargel wird bei uns vor allem in Nieder- und Oberösterreich produziert. Die heimische Spargelernte besteht überwiegend aus Weißspargel. Die wichtigsten Importländer sind Slowakei, Italien und Ungarn.
Quelle: Statistik Austria

Spinat

Spinat gibt es handgeerntet ohne Wurzeln (Blattspinat) oder maschinell geerntet mitsamt Wurzeln (Wurzelspinat). Je nach Aussaat- beziehungsweise Erntezeit ist zudem zwischen dem feineren Frühlings- und Sommer- und dem kräftigeren, langstieligen Herbst- und Winterspinat zu unterscheiden. Spinat enthält zwar bei weitem nicht so viel Eisen, wie es lange Zeit irrtümlich hieß, doch er ist zweifellos nährstoffreich.

Saison

Spinat hat von April bis Ende November Saison.
Quelle: Umweltberatung

Einkauf

Auf frische, fleckenlos grüne, knackige Blätter und Stiele achten.

Aufbewahrung und Haltbarkeit

Spinat am besten noch am Tag des Einkaufs zubereiten. In einem Frischhaltebeutel hält er im Kühlschrank (Gemüsefach) locker an die drei Tage, doch der Vitaminverlust ist groß. Blanchiert eignet sich Spinat gut zum Einfrieren.

Küchentipps

Spinat verlesen und gründlich waschen, tropfnass in einen Topf geben und zusammenfallen lassen. Spinat schmeckt gedünstet als Beilage zu Fisch oder Fleisch, als Füllung für Strudel und Ravioli, in Aufläufen, als Belag von Quiches ... Zarter Sommerspinat kann auch roh als Salat gegessen werden.

Nährwert und Inhaltsstoffe

Spinat liefert je 100 Gramm nur 16 kcal, doch jede Menge Vitamine (v.a. Provitamin A, Vitamin K, B-Vitamine, Niacin, Folsäure, Biotin, Vitamin C) und Mineralstoffe (v.a. Kalium, Kalzium, Magnesium, Eisen, Mangan). Spinat speichert aber auch Nitrat und hat einen relativ hohen Oxalsäuregehalt. Oxalsäure hemmt die Kalziumaufnahme. Spinat daher mit Milchprodukten kombinieren. Freiland-Spinat ist weniger nitratbelastet als Spinat aus dem Glashaus. Der Nitratgehalt kann durch Entfernen von Stängeln und Blattrippen und durch Blanchieren gesenkt werden. Zubereiteten Spinat bald aufbrauchen!

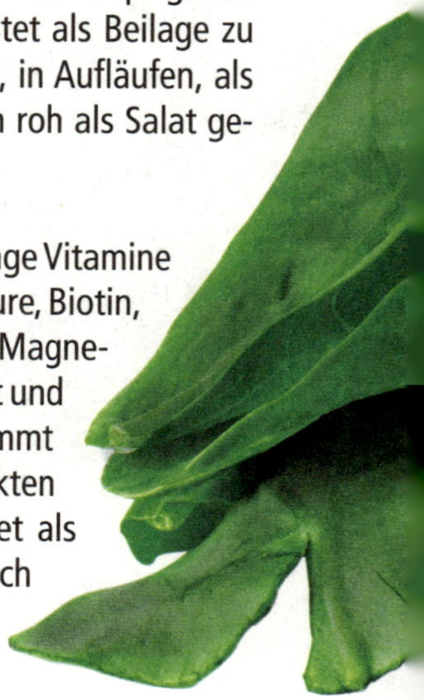

Pro-Kopf-Verbrauch: 1,5 kg
Selbstversorgungsgrad: 96 Prozent
Spinat wird bei uns vor allem in Niederösterreich produziert. Wichtige Importländer für frischen Spinat sind Italien und die Türkei.
Quelle: Statistik Austria

Zahlen und Fakten

Topinambur

Seefahrer brachten Topinambur im 17. Jahrhundert von Nordamerika nach Europa. Hier zählte Topinambur bald zu den Grundnahrungsmitteln, wurde später aber von der Kartoffel verdrängt. Heute gelangt sie wieder öfter auf den Tisch. Die Wurzeln der mit der Sonnenblume verwandten Topinamburpflanze bilden bis zu 10 Zentimeter lange Knollen, die je nach Sorte eine hellbraune, rötliche oder violettbraune, glatte oder verknorpelte Schale und weißliches, gelbes oder bräunliches Fruchtfleisch haben. Rohe Topinambur schmeckt erdig, gegarte erinnert im Geschmack an Nüsse und Artischocken.

Saison

Topinambur hat von Oktober bis Mai Saison.

Einkauf

Topinambur ist vor allem in gut sortierten Gemüsegeschäften und auf Märkten erhältlich. Die Knollen sollten fest, ihre Schale makellos sein. Auskeimende Knollen und solche mit grünlicher Schale liegen lassen.

Aufbewahrung und Haltbarkeit

Topinambur möglichst frisch verarbeiten. In ein feuchtes Tuch eingeschlagen halten die Knollen im Kühlschrank (Gemüsefach) zwei bis vier Tage. Bei zu langer Lagerung werden sie schrumpelig und zäh.

Küchentipps

Knollen gründlich unter fließendem Wasser waschen und abbürsten. Topinambur ist oft mühsam zu schälen, kann aber auch mit Schale verarbeitet werden. Bei der Zubereitung von Rohkost Topinamburstücke rasch mit Zitronensaft oder Essig marinieren, damit sie sich nicht verfärben. Die Garzeit von geschälten, geschnittenen Knollen beträgt ca. 10 Minuten, von ganzen Knollen um die 20 Minuten. Topinambur schmeckt roh oder gekocht als Salat, gekocht als Suppe, als Beilage, als Püree, überbacken als Auflauf, frittiert als Chips ...

Nährwert und Inhaltsstoffe

Die Topinambur liefert je 100 Gramm 30 kcal und wirkt aufgrund ihres hohen Ballaststoffgehaltes (die Knollen bestehen bis zu 16 Prozent aus Inulin) stark sättigend. Bei empfindlichen Personen kann Inulin Blähungen verursachen. Topinambur enthält weiters reichlich Kalium und Eisen sowie Vitamin B1 und K.

Zucchini

Zucchini zählen zu den Sommerkürbissen. Sie haben eine gurkenähnliche Form und eine weiche, glatte Schale, die meistens grün, weiß gestreift oder gesprenkelt ist. Es gibt aber auch Sorten mit cremeweißer oder gelber Schale. Je nachdem, wann sie geerntet werden, können Zucchini bis zu etliche Kilo schwer werden. Doch das Fruchtfleisch großer Zucchini kann schwammig sein; kleinere, junge Exemplare

(um die zwanzig Zentimeter lang) haben ein knackiges Fruchtfleisch und schmecken besser. Zucchiniblüten sind ebenfalls essbar und frittiert oder gefüllt eine Delikatesse.

Saison

Zucchini haben von Juni bis einschließlich Oktober Saison.
Quelle: Umweltberatung

Einkauf
Qualitativ einwandfreie Zucchini haben einen kleinen Stielansatz und sind fest. Zucchini sind empfindlich und durch harte Gegenstände rasch beschädigt: Kontrollieren Sie, ob die Schale unversehrt ist! Weiche Zucchini liegen lassen, sie sind überlagert.

Aufbewahrung und Haltbarkeit
Im Gemüsefach des Kühlschranks halten Zucchini bis zu einer Woche. Da sie ethylenempfindlich sind, sollten sie nicht neben Paradeisern oder Obst gelagert werden. Püriert oder in kleine Würfel geschnitten eignen sich Zucchini zum Einfrieren.

Küchentipps
Waschen, Spitze und Stielansatz entfernen, größere Exemplare zudem schälen und entkernen. Rohe Zucchini schmecken leicht nussig und eignen sich beispielsweise für die Zubereitung von Salat. Aus Zucchini lassen sich delikate Suppen kochen. Sie schmecken zudem gebacken, gegrillt, gefüllt oder gedünstet als Gemüsebeilage oder im Gemüseeintopf ...

Nährwert und Inhaltsstoffe
100 Gramm Zucchini enthalten nur 19 kcal, doch sie sind reich an Vitamin C, Folsäure, Eisen, Kalium und Magnesium.

Zahlen und Fakten
Pro-Kopf-Verbrauch: 1,4 kg
Selbstversorgungsgrad: 38 Prozent
Zucchini werden erwerbsmäßig vor allem im Burgenland, Oberösterreich und Tirol angebaut. Wichtige Importländer sind unter anderem Italien und Spanien.
Quelle: Statistik Austria

Zwiebeln

Zwiebeln wurden in ihrem Ursprungsland, Afghanistan, bereits vor über 5000 Jahren kultiviert. Heute werden sie weltweit angebaut und sind nach Tomaten unser zweitliebstes Gemüse geworden. Am gängigsten sind Haushalts- oder Küchenzwiebeln. Sie sind scharf und sehr würzig, mattgelb bis goldbraun, eignen sich für alle Gerichte, die Zwiebeln als Zutat enthalten sollen, und sind gut lagerfähig. Gemüsezwiebeln sind groß (sie können bis zu fünfzehn Zentimeter Durchmesser haben) und mild, haben eine hellbraune Schale und weißes saftiges Fleisch. Sie eignen sich vor allem für Salate und zum Füllen. Weiße Zwiebeln haben eine weiße Haut und weißes Fleisch. Sie sind eine etwas mildere Variante der Küchenzwiebel und eignen sich ebenfalls sehr gut für Salate. Rote Zwiebeln haben eine rote Schale und rotes Fruchtfleisch. Sie schmecken mild-würzig bis süßlich, sind aber nicht lange haltbar. Frühlings- oder Lauchzwiebeln werden mitsamt dem Grün gerne roh gegessen und in der asiatischen Küche oft verwendet. Schalotten haben so wie Knoblauch kleine „Zehen" und einen besonders feinen, milden Geschmack. Kleine Perl- und Silberzwiebeln sind vor allem in Essig eingelegt erhältlich.

Saison

Zwiebeln haben von Mai bis Ende September Saison. Davor und danach sind sie als heimische Lagerware erhältlich.
Quelle: Umweltberatung

Einkauf

Frische Zwiebeln, wie Frühlings- oder Lauchzwiebeln, sollten prall und knackig, die Knollen ganz und sauber, die grünen Blätter nicht vertrocknet oder verschrumpelt sein. In der Erde ausgereifte und anschließend getrocknete Lagerzwiebeln (Haushaltszwiebeln & Co) müssen ebenfalls pralle und trockene Knollen haben. Sind sie weich oder haben schon grün ausgetrieben, dann haben sie ihre beste Zeit eindeutig hinter sich. Vorsicht, wenn Sie Zwiebeln im Netz kaufen: Ist eine faul, sind die anderen rasch angesteckt und verderben.

Aufbewahrung und Haltbarkeit

Frühlings- oder Lauchzwiebeln halten im Kühlschrank (Gemüsefach) bis zu fünf Tage. Lagerzwiebeln sollten idealerweise kühl, luftig, dunkel und trocken aufbewahrt werden, dann halten sie etliche Monate (rote Zwiebeln ausgenommen). Im Plastikbeutel beginnen Zwiebeln rasch zu schwitzen und zu faulen.

Küchentipps

Damit beim Schälen und Schneiden nicht zu viele Tränen fließen: Bei geöffneten Fenster arbeiten, Zwiebeln vor dem Schälen mit kaltem Wasser abspülen, sofort nach dem Schneiden Brett, Messer und Hände kalt abwaschen. Durch den Mund atmen. Nicht unter fließendem Wasser schälen, weil da Nährstoffe verloren gehen.
Zwiebeln sollten zudem nur mit einem scharfen Messer geschnitten und gleich weiter verwendet werden. Durch Hacken, Pürieren werden sie bitter. Auch wenn man sie zerkleinert stehen lässt oder zu stark röstet, werden sie bitter (und braun). Kochstelle daher nur auf mittlere Hitze einstellen und ständig umrühren. Werden Zwiebeln bei geschlossenem Deckel mit wenig Wasser gedünstet, werden sie bekömmlicher. Zwiebeln schmecken in Suppen, Soßen und Salaten, in Chutney, Gemüseeintöpfen, als Beilage, gegrillt, gefüllt, gekocht, geschmort. Schalotten passen sehr gut zu Fisch und zum Zubereiten feiner Soßen.

Nährwert und Inhaltsstoffe

In 100 Gramm Zwiebeln stecken 27 kcal. Zwiebeln liefern zudem reichlich Kalium, Vitamin K und B6.

Zahlen und Fakten

Pro-Kopf-Verbrauch: 9 kg
Selbstversorgungsgrad: 113 Prozent
Zwiebeln werden bei uns in erster Linie in Niederösterreich und dem Burgenland produziert.
Frische Zwiebeln und Schalotten wurden zuletzt vor allem aus den Niederlanden, Deutschland, Neuseeland und Italien importiert.
Quelle: Statistik Austria

Gängige Kräuter

Frische Kräuter sorgen für raffinierte Würze und Abwechslung auf dem Teller. Sie verfeinern Speisen, und bestimmte Gerichte erhalten durch sie überhaupt erst ihr charakteristisches Aroma.

Frische erkennen und erhalten

Kräuter schmecken am besten und intensivsten, wenn sie ganz frisch sind und wenn sie zum richtigen Zeitpunkt gepflückt wurden. Kurz vor der Blüte ist die Konzentration der ätherischen Öle am höchsten. Bei vielen Kräutern beginnt die Erntezeit im Frühjahr, bei manchen auch erst im Sommer und geht dann bis in den Herbst hinein. Bei uns sind die gängigsten Kräuter ganzjährig erhältlich. Sie stammen dann entweder aus dem Gewächshaus oder werden importiert.

Frische Kräuter werden auf Märkten und in Geschäften gebündelt, mitunter auch in Frischhaltefolie eingeschweißt oder im Topf angeboten. Kräuter im Topf liefern bei guter Pflege über Monate hinweg pflückfrische Blätter. Wenn Sie Kräuter im Bund kaufen, achten Sie auf knackig-frische Blätter und Stängel und auf den Geruch: Frische Kräuter duften intensiv. Kräuter mit verwelkten Stängeln oder verfärbten Blättern liegen lassen. Falls es keine einwandfreie frische Ware gibt: Tiefgekühlte oder getrocknete Kräuter sind das ganze Jahr über erhältlich.

Kräuter im Topf liefern längere Zeit frische Blätter

Frische Kräuter im Bund sollten auch zu Hause nicht mehr lange gelagert, sondern möglichst bald verbraucht werden. Falls das nicht möglich ist: In ein feuchtes Tuch eingeschlagen, halten sie im Kühlschrank einige Tage. Kräuter mit längeren Stängeln können so wie Schnittblumen auch in einem Glas mit Wasser einige Tage aufbewahrt werden.

Durch Einfrieren oder Trocknen konservieren

Falls Sie eine größere Menge Kräuter haben, als Sie in nächster Zeit verbrauchen können, empfiehlt sich Einfrieren. Die gewaschenen und trockengetupften Kräuter können unzerkleinert oder zerkleinert einfach in einen Gefrierbeutel gepackt oder mit Wasser, Öl oder Suppe vermischt in einer Eiswürfelschale tiefgefroren werden. Die Würfel später in die Speisen geben. Kräuter, die frisch erst unmittelbar vor dem Anrichten zu den Speisen gegeben werden, sollen auch tiefgekühlt nicht mitgekocht werden, sondern erst zum Schluss in das Gericht kommen. Tiefgefrorene Kräuter halten bis zu einem Jahr.

Die meisten Kräuter eignen sich zudem gut zum Trocknen: Sie können gebündelt und mit den Stielenden nach oben hängend, aufgebreitet auf ein Backblech im Backofen oder in der Mikrowelle getrocknet werden. Danach die Blätter abstreifen, zerstoßen und in einem gut verschließbaren Behälter kühl, trocken und dunkel lagern. Getrocknete Kräuter halten ebenfalls bis zu einem Jahr. Werden Sie vor dem Zugeben zu den Speisen zwischen den Fingern zerrieben, erhöht sich die Würzkraft.

Einsalzen oder das Einlegen in Essig oder in Öl sind weitere Möglichkeiten, frische Kräuter zu konservieren.

Basilikum

Basilikum stammt ursprünglich wahrscheinlich aus Indien und hat je nach Sorte unterschiedlich geformte, glattrandig oder gesägte, grüne bis rote Blätter. Basilikum schmeckt würzig-pfeffrig, doch es gibt auch Sorten mit ausgefalleneren Aromen, wie z.B. Zitronenbasilikum, Zimtbasilikum oder Thaibasilikum, das nach Anis riecht und schmeckt.

Saison

Die beste Erntezeit ist kurz vor der Blüte im Juni bzw. Juli. Quelle: aid

Küchentipps

Geschnittenes Basilikum möglichst gleich verbrauchen. Basilikum im Topf kann bei guter Pflege auch am Fensterbrett überwintern. Basilikum lässt sich am besten durch Einfrieren konservieren, beim Trocknen verliert es stark an Aroma. Basilikum passt sehr gut zu Gerichten mit Paradeisern, zu Melanzani, schmeckt in Salaten, Soßen und Suppen, in der Kräuterbutter, als Pesto, zu Fleisch und Fisch. Erst am Ende der Garzeit zugeben. Kochen zerstört das Aroma.

Dille

Die ursprüngliche Heimat der Dille ist Vorderasien, heute wird sie weltweit angebaut. Dillkraut kann über einen Meter hoch werden und hat federartige Blätter. Vom Dillkraut werden sowohl Blätter als auch Samen verwendet. Die Blätter schmecken süßlich-würzig und fenchelartig, die Samen ähnlich wie Kümmel.

Saison

Mai bis November.
Quelle: aid

Küchentipps

Dille am besten frisch und roh verbrauchen. Sie eignet sich aber auch zum Einfrieren und hat getrocknet ebenfalls noch Würzkraft.
Frische Dillspitzen schmecken in Suppen, Soßen, Salaten, Gemüse, Eierspeisen, zu Fischgerichten ... Getrocknete Dille wird vor allem zum Einlegen von Gurken und anderem Essiggemüse verwendet. Dille verliert beim Kochen stark an Aroma, daher erst kurz vor dem Servieren zugeben.

Koriander

Koriander stammt aus dem Vorderen Orient. Die Blätter der bis zu knapp einem Meter hohen Pflanze sehen ähnlich wie glatte Petersilie aus und werden in der orientalischen und asiatischen Küche auch wie Petersilie verwendet. Frischer Koriander schmeckt aromatisch scharf und erinnert ein bisschen an Zitronen. Koriandersamen finden sich u.a. in Currymischungen und sind Bestandteil von Lebkuchengewürz.

Saison

April bis August.
Quelle: aid

Küchentipps

Frischen Koriander am besten gleich verbrauchen. Koriander harmoniert vor allem mit Suppen und Fischgerichten. Damit die Würzkraft nicht gemindert wird, erst nach dem Garen auf die Gerichte streuen.

Kresse (Gartenkresse)

Gartenkresse hat ihren Ursprung wahrscheinlich in West- oder Zentralasien. Sie ist anspruchslos und kann das ganze Jahr über an einem hellen Ort, auf kleinen Schalen, Tellern, auf Erde oder auch nur auf Watte gezogen werden. Eine Woche bis zehn Tage nach dem Säen kann bereits geerntet werden. Gartenkresse hat kleine, ovale, grüne Blättchen. Sie schmeckt nussig-pfeffrig und ähnelt in ihrem Geschmack ein bisschen dem Rettich.

An sich Mai bis Dezember; de facto ganzjährig.
Quelle: aid

Kresse welkt rasch, daher erst unmittelbar vor dem Zubereiten mit der Küchenschere abschneiden.
Kresse wird in erster Linie roh gegessen. Sie schmeckt im Salat, auf dem Butterbrot, in Aufstrichen, zu kaltem Fleisch oder gekochten Eiern ...

Majoran

Majoran stammt aus dem Mittelmeergebiet. Er wächst buschig, wird bis zu einem halben Meter hoch und hat kleine, eiförmige, graugrüne Blättchen, die leicht klebrig sind. Majoran ist aufgrund seines hohen Gehalts an ätherischen Ölen sehr würzig und aromatisch und schmeckt minzig-süßlich bis leicht bitter.

Juli bis September.
Quelle: aid

Majoran kann frisch oder getrocknet verwendet werden. Er harmoniert mit Erdäpfeln, Hülsenfrüchten und passt gut zu deftigeren Gerichten wie Schweine-, Enten- oder Gänsebraten. Sparsam dosieren! Majoran ist auch ein klassisches Wurstwaren-Gewürz.

Minze

Minze ist nicht gleich Minze. Es gibt u.a. die Japanische Minze, die Korsische Minze, die Grüne Minze mit dem charakteristischen Spearmint-Aroma, die nach Kümmel riechende Krause-Minze, die nach Apfel duftende Apfelminze, die Zitronenminze (auch Bergamottminze genannt) ... Minze gibt es in Hunderten Varianten. Bei uns am bekanntesten ist wohl die pfeffrig-scharf schmeckende Pfefferminze.

Saison Juni bis Oktober. Quelle: aid

Küchentipps Frische Minze möglichst rasch verwenden, damit sie nicht an Aroma verliert. Minze lässt sich auch sehr gut trocknen.
Minze passt sehr gut zu Lammbraten, Salaten, Soßen, Suppen, Eintöpfen, aber auch zu Obstsalaten und Desserts. Frische Minze und ein Spritzer Zitronensaft machen Wasser zu einem besonders erfrischenden Getränk und verfeinern Cocktails. Frische wie auch getrocknete Minzblätter werden zudem für Teemischungen verwendet.

Oregano

Oregano, auch als Wilder Majoran oder Dost bezeichnet, wächst buschig, hat rötliche Stängel und ovale, graugrüne, behaarte Blätter. Er schmeckt herb-würzig, leicht bitter, ein bisschen scharf. Er stammt so wie Majoran, mit dem er geschmacklich übrigens verwandt ist, aus dem Mittelmeerraum und hat in der mediterranen Küche seinen fixen Platz.

Saison

April bis Oktober. Quelle: aid

Küchentipps

Frischen Oregano unverzüglich verwenden. Oregano behält auch getrocknet seine Würzkraft.

Oregano sollte mitgekocht beziehungsweise mitgebacken werden, weil er nur so sein volles Aroma entwickelt. Oregano verfeinert Tomatensoßen, Pizza, Suppen, Fleischgerichte ... Er harmoniert gut mit Rosmarin, Thymian oder Basilikum, sollte aber nicht gemeinsam mit Majoran verwendet werden.

Petersilie

Petersilie stammt wahrscheinlich aus Sardinien und ist mit ihrem aromatisch frischen, leicht süßlichen Geschmack unbestritten die Nummer eins unter den Küchenkräutern. Es gibt glatte und krause Blattpetersilie. Die glatte ist die geschmacksintensivere und wird daher bevorzugt zum Würzen, die krause Petersilie vor allem zum Garnieren und Dekorieren verwendet.

Saison

Mai bis Dezember. Quelle: aid

Küchentipps

Frische Petersilie rasch verbrauchen. Die Blätter verlieren beim Trocknen an Geschmack, eignen sich aber sehr gut zum Einfrieren.

Beim Kochen verliert Petersilie viel an Aroma und sollte daher erst kurz vor dem Servieren zugegeben werden. Blätter zudem erst kurz vor dem Verwenden hacken. Mit gehackter Petersilie lassen sich eine Vielzahl von Gerichten verfeinern, u.a. Kartoffeln, Gemüse, Salate, Suppen. Abgezupfte Petersilienstängel sorgen für guten Geschmack in Suppen oder Fonds. Zu Beginn der Kochzeit zugeben, später wieder entfernen.

Rosmarin

Rosmarin stammt ebenfalls aus dem Mittelmeerraum. Die dicht buschig wachsende immergrüne Pflanze hat nadelartige, ledrige Blätter, die an der Oberseite dunkelgrün und glatt, an der Unterseite graufilzig sind. Rosmarin ist sehr aromatisch, riecht sehr intensiv und schmeckt bitterwürzig bis harzig.

Saison April bis September.
Quelle: aid

Küchentipps Rosmarin schmeckt frisch , eignet sich aber auch sehr gut zum Trocknen. Rosmarin schmeckt sehr intensiv und sollte daher nur sparsam verwendet werden. Ganze Zweige (vor dem Servieren entfernen), fein gehackte oder ganze Blättchen können problemlos mitgekocht werden. Rosmarin harmoniert sehr gut mit Kartoffeln, Paradeisern, Gemüseeintöpfen, Fleisch, Fisch und Geflügel.

Salbei

Die ursprüngliche Heimat von Salbei ist der Mittelmeerraum. Salbei gibt es in zahlreichen Arten. Am bekanntesten ist der Echte, Garten- oder Gewürzsalbei, von dem es wiederum zahlreiche Varianten gibt. Die immergrüne, buschig wachsende Pflanze hat graugrüne, lanzenförmige, leicht behaarte Blätter. Salbei hat einen charakteristischen, leicht bitteren, kampferartigen Geschmack.

Saison

Mai bis Oktober. Quelle: aid

Küchentipps

Junge Blätter am besten frisch verbrauchen. Salbei eignet sich sehr gut zum Trocknen und schmeckt getrocknet noch intensiver als frisch. Salbei sollte aufgrund seiner starken Würzkraft nur sparsam verwendet werden. Er entfaltet sein Aroma am besten, wenn er in Fett mit brät. Salbei eignet sich zum Würzen von Fisch, Fleisch, Gemüse und Suppen und schmeckt in Butter gebraten hervorragend zu Gnocchi und Pasta.

Schnittlauch

Schnittlauch zählt zu den klassischen Küchenkräutern schlechthin. Seine saftigen, röhrenförmigen Blätter schmecken ähnlich wie Zwiebeln. Je größer und dicker die Schnittlauchstangen, desto kräftiger das Aroma, je dünner die Stangen, desto zarter der Geschmack.

Saison

April bis November. Quelle: aid

Küchentipps

Schnittlauch möglichst frisch verbrauchen. Er eignet sich aber auch gut zum Einfrieren. Getrocknet hat er nur wenig Aroma.
Schnittlauch mit der Küchenschere in Röllchen schneiden (damit er nicht zu viel Saft verliert) und kurz vor dem Servieren über die Speisen streuen. Gekocht verliert er stark an Aroma. Schnittlauch ist vielseitig verwendbar. Er schmeckt in Salaten, Suppen und Soßen, im Frischkäse, zu Eierspeisen, Kartoffelgerichten und auf dem Butterbrot.

Thymian

Thymian (Echter oder Gartenthymian) stammt ursprünglich aus Südeuropa und zählt zu den Standardzutaten der mediterranen Küche. Die immergrüne, buschige Pflanze hat sehr kleine, an der Unterseite behaarte Blätter, die würzig-scharf (ähnlich wie Majoran) schmecken und intensiv duften. Thymian gibt es in zahlreichen Varianten. Zitronenthymian eignet sich u.a. sehr gut zum Verfeinern von Fischgerichten.

Saison Mai bis September. Quelle: aid

Küchentipps Frischer Thymian ist sehr schmackhaft und eignet sich sehr gut zum Einfrieren. Gerebelter, getrockneter Thymian hat noch eine wesentlich stärkere Würzkraft als frischer.
Damit er sein Aroma entfaltet, sollte Thymian mitgekocht werden. Thymian passt sehr gut zum Würzen von Suppen und Soßen, Gemüse-, Fleisch-, Wild- und Geflügelgerichten und zu Pilzen.

Resümee

Obst und Gemüse sind wesentliche Bestandteile einer ausgewogenen Ernährung. Was tun, wenn die Qualität nicht passt? Und: Soll man trotz einer eventuellen Schadstoffbelastung reichlich zugreifen?

Die rotbackigen Äpfel, die zarten Himbeeren mit ihrem feinen Flaum, die prallen Gurken, der knackig-grüne Schnittlauch … Jeder weiß: In gut geführten Geschäften ist die Obst- und Gemüseabteilung eine Augenweide. Doch in weniger gut geführten kann man beim genauen Hinsehen schon auch das eine oder andere Stück entdecken, das seine beste Zeit eindeutig hinter sich hat. Die Qualität passt eben nicht immer. Klar, dass man Äpfel mit brauner Druckstelle oder Gurken mit weichen Enden im Regal liegen lässt, wenn man rechtzeitig entdeckt, dass die Ware nicht einwandfrei ist. Äußerst ärgerlich, wenn man erst zu Hause merkt, dass man Überlagertes oder überhaupt schon Verdorbenes gekauft hat. Was einmal angefault oder verschimmelt ist, ist ein Fall für den Mistkübel: Die Stoffwechselprodukte von Schimmelpilzen können giftig sein!

Kontrollieren Sie die Ware genau, bevor Sie sie in den Einkaufswagen legen

Sie haben Anspruch auf tadellose Lebensmittel und brauchen es nicht hinzunehmen, für Vergammeltes bezahlt zu haben. Bringen Sie daher Ware, deren Qualität nicht passt, zurück zum Händler (Rechnung nicht vergessen!). Sie können sich notfalls auch direkt an die zuständige Lebensmittelbehörde wenden. In Wien und in den Bundeshauptstädten ist es das Marktamt, sonst Bezirksverwaltungsbehörden.

Zum Einkaufen Zeit nehmen

Lebensmittel zurück ins Geschäft oder zur Behörde zu bringen kostet Zeit. Besser, Sie nehmen sie sich gleich beim Einkauf: Prüfen Sie offen angebotene Ware genau und Stück für Stück, bevor Sie sie zum Abwiegen einsacken. Bereits Verpacktes muss ebenfalls gut kontrolliert werden. Werfen Sie dabei einen Blick auf die Packungsunterseite: In der Packung zuunterst liegendes Obst oder Gemüse muss einwandfrei, der Packungsboden trocken sein. Ob das der Fall ist, ist bei transparenten Kunststoffschalen gut zu sehen. Bei Kartonschalen ist Feuchtigkeit ein deutlicher Hinweis auf verdorbene Ware. Achten Sie aber auch darauf, dass keine unreife Ware in ihrem Einkaufswagen landet.

Saisonware aus der Region kann reif geerntet werden. Zudem ist hier die Chance auf Frische aufgrund kurzer Transportstrecken am höchsten. Nicht zuletzt ist Saisonware meistens günstiger. Klar, dass man für

Kraut im Herbst nicht so tief in die Tasche greifen muss wie etwa für Importspargel.

Und um gleich beim Beispiel Importspargel zu bleiben: Warum in manchen Geschäften während der Spargelsaison von weit her importierter statt österreichischer Spargel angeboten wird, bleibt wohl vielen ein ewiges Rätsel. Wenn Sie zum Kreis der diesbezüglich ratlosen Konsumenten zählen: Deponieren Sie im Geschäft, dass Sie heimische Ware gerne kaufen würden, aber schmerzlich vermissen.

Obst und Gemüse nicht vermiesen lassen

Falls Sie sich wegen des möglichen Schadstoffgehalts von Obst und Gemüse sorgen: Pestiziduntersuchungen (Konsument-Tests, Untersuchungen von Greenpeace oder der deutschen Stiftung Warentest) zeigen, dass die Belastungen mit Rückständen während der letzten Jahre insgesamt zurückgegangen sind. Doch eine hundertprozentige Sicherheit, dass Lebensmittel frei von Rückständen sind, gibt es nicht. Sogar Bio-Ware kann belastet sein, wie Tests (Pestizide in Salaten Konsument 4/2008; Pestizide in Paprika, Konsument 4/2009) gezeigt haben. Trotzdem: In den meisten Fällen bedeutet „Bio" auch weniger Schadstoffe. Aus etlichen Untersuchungen geht zudem Saisonware als tendenziell weniger belastet hervor.

Bio-Produkte sind meistens weniger belastet

Nicht alles, was „natürlich" ist, ist harmlos. In manchem Obst und Gemüse stecken natürliche Schadstoffe. Daher: Braunstichige Äpfel wegwerfen, weil sie ein Schimmelpilztoxin (Patulin) enthalten können, Erdäpfel nicht mit Schale essen und grüne Stellen von unreifen Paradeisern wegschneiden, damit möglichst wenig vom Pflanzengift Solanin aufgenommen wird …

Der Gehalt an etwaig vorhandenen Umweltschadstoffen lässt sich zum Teil durch gutes Waschen und Putzen reduzieren.

Eventuelle Pestizidrückstände, natürliche Schadstoffe, Umweltschadstoffe – soll man unter diesen Umständen bei Obst und Gemüse überhaupt noch reichlich zugreifen? Unbedingt, sagen die Experten. Ernährungsbedingte Erkrankungen werden demnach in erster Linie durch falsche Ernährung verursacht: zu viel, zu fett, zu süß. Auch das Risiko, durch krankheitserregende Keime in Lebensmitteln Schaden zu nehmen, ist höher als das Risiko, sich eine Schadstoff-Vergiftung zuzuziehen.

Es bleibt dabei: Fünf Portionen Obst und Gemüse am Tag sind wichtig und richtig.

Frisches und ausgereiftes Obst und Gemüse ist dabei die erste Wahl. Was unreif geerntet wurde, enthält weniger wertvolle Inhaltsstoffe (z.B. Vitamine oder sekundäre Pflanzenstoffe) als Obst und Gemüse, das in Sonne und Wärme ausreichend lange gereift ist. Nutzen Sie das gesamte saisonale Angebot. Je vielfältiger die Auswahl, desto besser. Und: Essen Sie Gemüse roh und gegart. Durch das Erhitzen gehen zwar etliche Nährstoffe verloren, bestimmte sekundäre Pflanzenstoffe (wie beispielsweise Lycopin aus Tomaten) sind dann für den Körper aber besser verfügbar.

Wenn es schnell gehen soll ...

Falls Sie zu wenig Zeit und Muße haben, Obst und Gemüse frisch zu besorgen (und zu waschen und zu putzen), oder Sie von der Qualität der im Geschäftsregal angebotenen Ware nicht überzeugt sind, greifen Sie zu Tiefkühlware. Was zum Tiefkühlen bestimmt ist, wird vollreif geerntet, unmittelbar danach verarbeitet und ist daher in seinem Vitamingehalt überlagerter Ware überlegen. In Konsument-Tests (Test Tiefkühl-Mischgemüse, Konsument 4/2003; Test Karotten, Konsument 3/2008) gab der Vitamingehalt von tiefgekühltem Gemüse keinerlei Anlass zur Kritik. Ebenfalls zu empfehlen: Tiefgekühltes Obst und tiefgekühlte Kräuter.

Tiefgekühltes Gemüse hat einen höheren Vitamingehalt als überlagerte Ware

Mitunter macht auch der Griff zu Dosenware Sinn. Paradeiser aus der Dose beispielsweise sind eine durchaus gute Wahl. Vor allem außerhalb der Saison. Da sie vollreif verarbeitet werden, haben sie meistens bei weitem mehr Geschmack und Aroma, als außerhalb der Saison im Glashaus gezogene und für den Transport unreif geerntete Tomaten. Aufpassen heißt es wiederum bei Obstkonserven. Denn Kompotte oder Obstsalate aus der Dose können stark zuckerhältig sein. Lesen Sie das Etikett genau!

Vorsicht ist nicht zuletzt bei Convenience-Produkten aus dem Kühlregal, wie etwa geschnittenem und gewaschenem Salat oder mundgerecht geschnittenem Obst, angebracht: Konsument-Tests (Test Fertigsalate, Konsument 8/2007; Test Geschnittenes Obst, Konsument 7/2008) haben ergeben, dass solche Produkte sehr empfindlich und stark anfällig für Verderb sind. Der Rat der Experten: Möglichst frisch und nur dort kaufen, wo der Eindruck von Sauberkeit und ausreichender Kühlung vermittelt wird. Gleich essen.

Die Nachteile des Komforts: Convenience-Produkte aus dem Kühlregal sind sehr empfindlich

Service

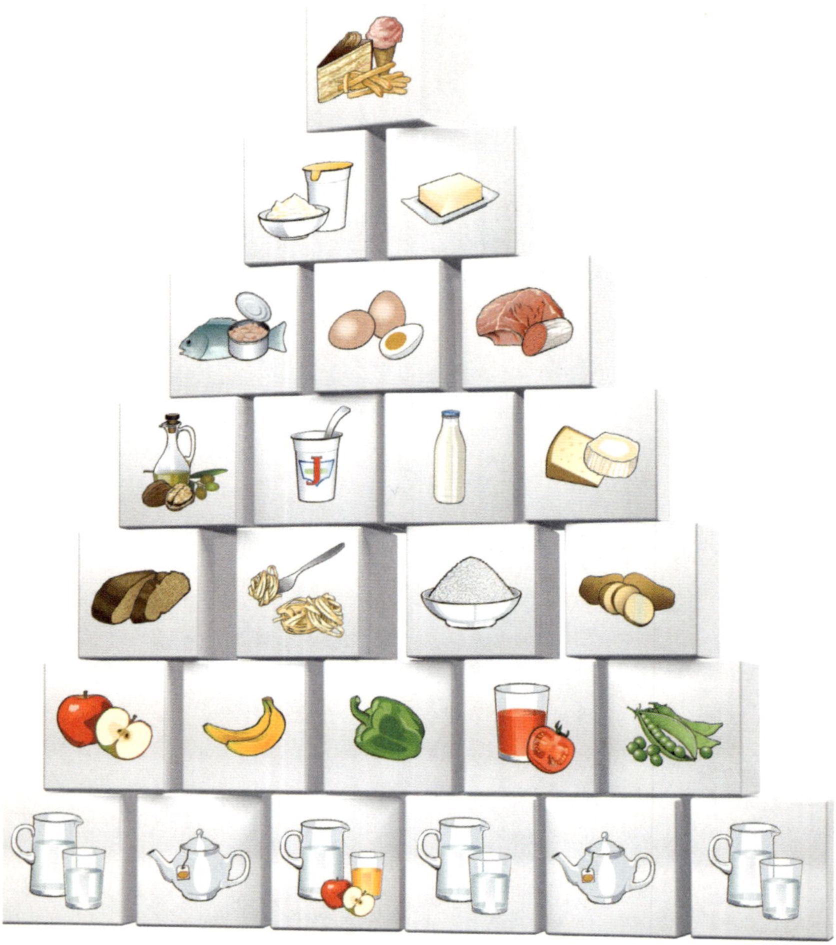

Quelle: Bundesministerium für Gesundheit

DIE ÖSTERREICHISCHE
ERNÄHRUNGSPYRAMIDE
Eine Initiative des Bundesministeriums
für Gesundheit

**BUNDESMINISTERIUM
FÜR GESUNDHEIT**

Alkoholfreie Getränke Stufe 1

Trinken Sie täglich mindestens 1,5 Liter Flüssigkeit, bevorzugt energiearme Getränke (Wasser, ungezuckerte Früchte- oder Kräutertees, verdünnte Obst- und Gemüsesäfte).

Gemüse, Hülsenfrüchte, Obst Stufe 2

Essen Sie täglich 5 Portionen Gemüse, Hülsenfrüchte und Obst. 3 Portionen Gemüse und/oder Hülsenfrüchte und 2 Portionen Obst sind ideal. Essen Sie Gemüse zum Teil roh und beachten Sie bei der Auswahl von Obst und Gemüse das saisonale und regionale Angebot.

Getreide und Erdäpfel Stufe 3

Essen Sie täglich 4 Portionen Getreide, Brot, Nudeln, Reis oder Erdäpfel (5 Portionen für sportliche aktive und Kinder). 1 Portion ist z.B. ein Weckerl, 50–60 g Müsli oder Getreideflocken, 3–4 mittelgroße Erdäpfel, 65–80 g (roh) Nudeln oder 150–180 g gekochter Reis. Vollkornprodukte bevorzugen.

Milch und Milchprodukte Stufe 4

Konsumieren Sie täglich 3 Portionen Milch und Milchprodukte, bevorzugt fettarme Varianten. 1 Portion ist z.B. 200 ml Milch, Jogurt, Topfen oder Hüttenkäse, 50–60 g Käse.

Fisch, Fleisch, Wurst, Eier Stufe 5

Essen Sie pro Woche mindestens 1–2 Portionen Fisch (je ca. 150 g), bevorzugt fettreichen Seefisch oder heimischen Kaltwasserfisch. Essen Sie pro Woche maximal 3 Portionen fettarmes Fleisch oder fettarme Wurstwaren (insg. 300–450 g pro Woche). Bis zu 3 Eier pro Woche sind ok.

Fette und Öle Stufe 6

Täglich 1–2 Esslöffel pflanzliche Öle, Nüsse oder Samen. Butter, Schmalz, Margarine, Creme Fraiche, Schlagobers sparsam verwenden.

Fettes, Süßes, Salziges Stufe 7

Süßigkeiten, Mehlspeisen, zucker- und fettreiche Fastfoodprodukte, Knabbereien, Limonaden selten konsumieren. Maximal eine Portion pro Tag.

Fettlösliche Vitamine

Vitamin A (Retinol), Provitamin A (Carotinoide)
Aus Carotinoiden bildet sich im Körper Vitamin A. Wichtig für Sehkraft, Immunsystem, Zellentwicklung, Haut. Enthalten u.a. in Innereien, Karotten, Fenchel, Spinat, Kohl, Honigmelonen, Mangos, Marillen.

Vitamin D (Calcipherole)
Wichtig für Kalzium- und Phosphatstoffwechsel, Knochen und Zähne. Enthalten z.B. in Pilzen. Tierische Lebensmittel mit hohem Vitamin-D-Gehalt: Hering, Makrele, Leber, Eigelb.

Vitamin E (Tocopherole)
Wichtig für Zellschutz (Antioxidans), Immunsystem, Arterien. Enthalten z.B. in pflanzlichen Ölen, Fenchel, Paprika, Schwarzwurzel, Erd-, Hasel-, Walnüssen.

Vitamin K
Wichtig für Blutgerinnung, Knochenmineralisierung. Enthalten z.B. in grünem Blattgemüse, diversen Kohlarten, Bohnen, Erbsen, Sauerkraut.

Wasserlösliche Vitamine

Vitamin B1 (Thiamin)
Wichtig für Energiestoffwechsel und Nervensystem. Enthalten z.B. in Schweinefleisch, Vollkornprodukten, Erbsen, Fenchel, Ananas, Spargel, Spinat, Kohlsprossen, Orangen.

Vitamin B2 (Riboflavin)
Wichtig für den Eiweiß- und Energiestoffwechsel. Enthalten z.B. in Milch, Vollkornprodukten, Pilzen, Erbsen, Kohl, Hering, Spinat, Avocados, Brokkoli.

Vitamin B6 (Pyridoxin)
Wichtig für Eiweißstoffwechsel, Nervensystem und Immunabwehr. Enthalten z.B. in Fisch, Avocados, Fleisch, Erdäpfeln, Paprika, Fisolen, Bananen, Kohl.

Vitamin B12 (Cobalamin)
Wichtig für Blutbildung und Zellwachstum. In pflanzlichen Lebensmitteln, die einer Gärung unterworfen wurden (Sauerkraut, Bier) in Spuren enthalten. Gute Lieferanten sind z.B. Fleisch, Fisch, Innereien (Leber), Milchprodukte, Eier.

Vitamin C (Ascorbinsäure)
Wichtig für Immunsystem (Antioxidans), Wundheilung, Verbesserung der Eisenadsorption. Enthalten z.B. in Paprika, Fenchel, Brokkoli, Kohl, Erdbeeren, schwarzen Johannisbeeren, Kiwis, Zitrusfrüchten.

Biotin
Wichtig für Eiweiß-, Kohlenhydrat- und Fettstoffwechsel, Haut, Nägel, Haare. Enthalten z.B. in Fleisch, Pilzen, Nüssen, Avocados, Hülsenfrüchten.

Folsäure
Wichtig für Zellteilung, Zellneubildung. Enthalten z.B. in Leber, grünem Gemüse (Brokkoli, Erbsen, Spinat, Kohlarten), Fenchel, Spargel, Hülsenfrüchten, Salat, Roten Rüben.

Niacin
Wichtig für Kohlenhydrat-, Fett- und Eiweiß-Stoffwechsel. Enthalten z.B. in Pilzen, Fleisch, Nüssen, Fisch, Milchprodukten, Erbsen, Topinambur, Avocados, Holunderbeeren, Nektarinen.

Pantothensäure
Wichtig für den Zellstoffwechsel. Enthalten in fast allen Lebensmitteln, u.a. in Pilzen, Fisch, Fleisch, Erbsen, Nüssen, Melone, Avocados, Brokkoli, Kohl.

Mineralstoffe: Mengenelemente

Kalium

Wichtig für Reizleitung, Austausch von Flüssigkeit im Gewebe, Aktivierung von Enzymen, Muskelfunktion. Enthalten z.B. in Pilzen, Erbsen, Hülsenfrüchten, Spinat, Avocados, Fenchel, Erdäpfeln, Blattgemüse.

Kalzium

Baustein für Zähne und Knochen. Wichtig für Blutgerinnung, Muskelkontraktion, Herzfunktion. Enthalten z.B. in Milchprodukten, Spinat, Kohl, Fenchel, Brokkoli, Staudensellerie, Datteln, Ribiseln.

Magnesium

Wichtig für Informationsübertragung von Nerven auf die Muskulatur, Baustein von Knochen und Zähnen, Bestandteil von Enzymen. Enthalten in den meisten Lebensmitteln wie z.B. in Nüssen, Vollkornprodukten, Spinat, Mangold, Banane, Himbeeren, Papaya.

Natrium

Wichtig für die Regelung des Wasserhaushaltes inner- und außerhalb der Zellen, Regulation des Säuren-Basen-Haushalts, Nerven- und Muskelfunktion. Natrium wird im Wesentlichen über Kochsalz zugeführt. Kann bei Überversorgung und genetischer Disposition die Entstehung von Bluthochdruck fördern.

Phosphor

Wichtig für Skelett, Muskeln, Nerven, Energieverwertung. Enthalten in praktisch allen Lebensmitteln. Besonders viel steckt in Fleisch, Wurst, Fisch. Unterversorgungen sind nicht bekannt.

Mineralstoffe: Spurenelemente

Chrom

Wichtig für den Kohlenhydratstoffwechsel. Enthalten z.B. in Vollkorngetreide, Erdäpfeln, Fleisch, Paradeisern.

Eisen

Wichtig für Blutbildung und Sauerstofftransport, Baustein des roten Blutfarbstoffes. Enthalten z.B. in Fleisch, Vollkorngetreide, Hülsenfrüchten, Spinat, Topinambur, grünem Blattgemüse, Erdbeeren, schwarzen Johannisbeeren, Oliven.

Fluorid

Festigt die Knochen, härtet den Zahnschmelz. Enthalten z.B. in Wasser, Tee, Meeresfisch.

Jod

Bestandteil der Schilddrüsenhormone, damit Einfluss auf Energieumsatz, Wachstum. Enthalten z.B. in Meerestieren, Milch, Eiern, jodiertem Salz.

Kupfer

Wichtig für die Blutbildung, Bestandteil von Enzymen. Enthalten z.B. in Fleisch, Pilzen, Nüssen, Getreideprodukten, Erbsen, Artischocken, Avocados, Marillen, Preiselbeeren.

Mangan

Wichtig für die Knorpelbildung, Fett- und Kohlenhydratstoffwechsel, Entgiftung des Körpers und Unterstützung der körpereigenen Abwehr. Enthalten z.B. in Vollkornprodukten, Nüssen, Erbsen, Brokkoli, Pastinaken, Spinat, Erdbeeren, Heidelbeeren, Hagebutten.

Selen Schützt vor zellschädigenden Substanzen.
Enthalten z.B. in Fleisch, Fisch, Eiern, Getreide, Nüssen.

Zink Wichtig für das Immunsystem, Bestandteil zahlreicher Enzyme. Enthalten z.B. in Fleisch, Erbsen, Vollkornprodukten, Nüssen, Kohlsprossen, Pastinaken, Himbeeren.

Sekundäre Pflanzenstoffe

Carotinoide Kommen in gelbem bis rotem Obst und Gemüse (z.B. Marillen, Mangos, Karotten, Paprika) und in grünem Blattgemüse (z.B. Kohl, Mangold, Spinat) vor. Zu den bekanntesten zählen Betacarotin (u.a. in Karotten oder Marillen enthalten) und Lycopin (in Paradeisern und roten Grapefruits enthalten). Xantophylle kommen vor allem in grünem Gemüse (z.B. Spinat, Brokkoli) vor. Zugeschriebene Wirkung: antioxidativ und krebsvorbeugend.

Flavonoide Kommen überwiegend in den Randschichten von Gemüse und Obst (vor allem in gelbem, rotem, blauem) und Vollkorngetreide vor. Viele Flavonoide sind Farbstoffe. Zugeschriebene Wirkung: krebsvorbeugend, antimikrobiell und antioxidativ (hemmen zellschädigende sauerstoffhaltige Partikel, sogenannte freie Radikale).

Glucosinolate Scharf- und Aromastoffe, kommen in sämtlichen Kohlsorten sowie in Senf und Kren vor. Zugeschriebene Wirkung: Schutz vor freien Radikalen und Krankheiten, unter anderem infektionshemmend, krebsvorbeugend.

Monoterpene Aroma- und Duftstoffe. In vielen Kräutern und Gewürzen, z.B. im Menthol von Pfefferminzpflanze und in Kümmel enthalten. Zugeschriebene Wirkung: krebsvorbeugend.

Phenolsäuren Kommen in fast allen Pflanzen vor. Stecken hauptsächlich in den Randschichten frisch geernteter, nicht erhitzter Produkte. Enthalten z.B. in Kohl, Radieschen, Weißkraut, Beerenobst, Kaffee. Zugeschriebene Wirkung: krebsvorbeugend, antimikrobiell und antioxidativ.

Phytoöstrogene Hormonähnliche Verbindungen. Enthalten z.B. in Soja, kaltgepressten Pflanzenölen und Nüssen. Zugeschriebene Wirkung: krebsvorbeugend.

Phytosterine Cholesterinähnliche Verbindungen. Enthalten z.B. in kalt gepressten Pflanzenölen, Brokkoli, Karfiol, Orangen, Grapefruit. Zugeschriebene Wirkung: krebsvorbeugend; helfen den Cholesterinspiegel zu senken.

Saponine Bitterstoffe. Enthalten z.B. in Sojabohnen, Erbsen, Spinat. Zugeschriebene Wirkung: krebsvorbeugend; helfen den Cholesterinspiegel zu senken und bekämpfen Bakterien, Viren, Pilze.

Sulfide Scharf- und Aromastoffe. Enthalten z.B. in Lauchgewächsen, Knoblauch und Zwiebeln. Zugeschriebene Wirkung: antibakteriell; hemmen die Blutgerinnung und helfen Cholesterin, Thrombose-, Infarkt- und Krebsrisiko zu senken.

AGES, Bundesministerium für Gesundheit (2009)
Sichere Lebensmittel.
AGES – Österreichische Agentur für Gesundheit und Ernährungssicherheit GmbH, Bundesministerium für Gesundheit, Wien
www.ages.at

AMA (2006)
Erdäpfel.
Agrarmarkt Austria Marketing, Wien
www.ama.at

AMA (2007)
Fruchtgemüse.
Agrarmarkt Austria Marketing, Wien
www.ama.at

AMA (2007)
Kernobst.
Agrarmarkt Austria Marketing, Wien
www.ama.at

AMA (2008)
Blattgemüse.
Agrarmarkt Austria Marketing, Wien
www.ama.at

AMA (2009)
Erdbeeren.
Agrarmarkt Austria Marketing, Wien
www.ama.at

AMA (2009)
Wurzelgemüse.
Agrarmarkt Austria Marketing, Wien
www.ama.at

Bartha-Pichler B (2002)
Gemüse inkognito. Vergessene Kulturpflanzen vergangener Jahrhunderte.
Arche Noah, Schiltern

Bundesministerium für Gesundheit (2009)
Vom Feld bis zum Teller. Kennzeichnung genetisch veränderter Lebensmittel.
Bundesministerium für Gesundheit, Wien
www.gesundheitsministerium.at

Bundesministerium für Gesundheit (2010)
Die Österreichische Ernährungspyramide.
Bundesministerium für Gesundheit, Wien
www.gesundheitsministerium.at

Bundesministerium für Land- und Forstwirtschaft, Umwelt und Wasserwirtschaft (Hrsg) (2008)
Österreichischer Lebensmittelbericht 2008.
Bundesministerium für Land- und Forstwirtschaft, Umwelt und Wasserwirtschaft, Wien
www.lebensministerium.at

Draßler E, Heitmann G (1991)
Obst und Gemüse – Eine Warenkunde.
Paul Parey, Berlin Hamburg

Elmafda I, Freisling H, Nowak V, Hofstädter D et al. (2009)
Österreichischer Ernährungsbericht 2008.
Universität Wien, Wien

Elmafda I, Aign W, Muskat E, Fritzsche D (2009)
Die große GU Nährwert-Kalorien-Tabelle Neuausgabe 2010/2011.
Gräfe und Unzer, München

Europäische Kommission (2007)
Fact.Sheet. Politik der Europäischen Union
zur Förderung landwirtschaftlicher Qualitätserzeugnisse.
Europäische Kommission, Generaldirektion Landwirtschaft und ländliche Entwicklung
www.lebenministerium.at

Fischer M, Jud B (2006)
Essen und trinken: Tipps für eine gesunde Ernährung.
Puls Media, Zürich

Greiner K, Weber A (2006)
Kräuter.
Gräfe und Unzer, München

Hierl T (2006)
Frisch vom Balkon.
Österreichischer Agrarverlag, Wien

Hopfenzitz P (2000)
GU Kompass Mineralstoffe.
Gräfe und Unzer, München

Kiefer I, Kunze M (2009)
Die Kalorien-Fibel.
Kneipp, Wien

Löbbert R, Hanrieder D, Berges U, Beck J (2000)
Lebensmittel – Waren, Qualitäten, Trends.
Europa-Lehrmittel, Haan-Gruiten

Martin S (2005)
Heilsames Gemüse.
Verlag Gesundheit, Leopoldsdorf

Michalak P (1993)
Kräuter leicht anbauen und gesund genießen.
Bechtermünz, Köln

Osterkorn T, Petzold A (Hrsg) (2001)
Gesund essen.
Goldmann, München

Pernkopf I, Haider W (2009)
Die österreichische Vorratskammer.
Pichler, Wien Graz Klagenfurt

Reischl A, Rogl H, Weidlinger A (2003)
Ernährung – bewusst, aktuell, lebensnah.
Trauner, Linz

Reuter W, Neumeister L, Krautter M (2010)
Die Schwarze Liste der Pestizide II.
Studie für Greenpeace Hamburg (PDF)
www.greenpeace.de

Statistik Austria (2009)
Gemüseernte 2009. Endgültige Ergebnisse.
Statistik Austria, Wien
www.statistik.at

Statistik Austria (2009)
Obsternte 2009. Endgültige Ergebnisse.
Statistik Austria, Wien
www.statistik.at

Statistik Austria (2009)
Statistik der Landwirtschaft 2008.
Statistik Austria, Wien
www.statistik.at

Statistik Austria (2010)
Versorgungsbilanzen für pflanzliche Produkte 2008/09.
Statistik Austria, Wien
www.statistik.at

„die umweltberatung" (2009)
Gemüse und Obst der Saison.
„die umweltberatung", Wien
www.umweltberatung.at

Unger-Göbel U (2000)
GU Kompass Vitamine.
Gräfe und Unzer, München

VKI (2004)
Das neue Kochbuch durchs Jahr.
Verein für Konsumenteninformation, Wien
(in Zusammenarbeit mit Stiftung Warentest, Berlin)

Informationen online

www.5xamtag.at

www.arche-noah.at

www.aid.de

www.bio-austria.at

www.bioinfo.at

www.biolebensmittel.at

www.dge.de

www.fairtrade.at

www.forum-ernaehrung.at

www.ernaehrungshotline.at

www.gesundheitsministerium.at

www.greenpeace.de/themen/chemie/pestizide_lebensmittel

www.konsument.at

www.lebensministerium.at

www.oege.at

www.slowfoodaustria.at

www.test.de

www.transgen.de

www.umweltberatung.at

www.was-wir-essen.de

www.wien.gv.at

Gesund einkaufen

Qualität bei Obst und Gemüse, Milch, Fleisch und Fisch erkennen. Wie Sie Fertigprodukte in Ihren Speiseplan einbauen und Wissenswertes über Light-Produkte, Functional-Food, E-Nummern und Gentechnologie. Außerdem: Produktionsweise und Herkunft von Lebensmitteln und Gütesiegel.

ISBN 978-3-902273-64-2
2008, 148 Seiten, brosch., € 14,90

Gesunde Haut

Alles über Kontaktallergien, Inhaltstoffe diverser Aknemittel, Altersflecken, unliebsame Tätowierungen und neue Therapien gegen Schuppenflechte. Außerdem: Wie man die Sonne maßvoll genießen kann, Umgang mit der Diagnose Hautkrebs und ein Lexikon der Hauterkrankungen mit Tipps zu Vorbeugung und Behandlung.

ISBN 978-3-902273-71-0
2008, 112 Seiten, brosch., € 14,90

Mit Allergien leben

Sinnvolle Diagnoseverfahren, wirksame Therapiemethoden und viele praktische Tipps zur Vorbeugung und Selbsthilfe. Außerdem: Ein ausführliches Kapitel über Allergien bei Kindern, ausführlicher Serviceteil mit Adressen und Links und die wichtigsten Medikamente im Test.

ISBN 978-3-902273-75-8
2009, 128 Seiten, brosch., € 14,90

Weitere „Konsument"-Ratgeber
im Buchhandel oder im Online-Shop auf www.konsument.at